AF310713

MÉMOIRE

SUR LES DROITS

DE M. ARISTIDE FERRERE,

à exploiter

LA MINE DE ZINC DE LAUQUELLE,

SITUÉE

Dans la Commune d'Aulus, Arrondissement de Saint-Girons, Département de l'Ariége.

TOULOUSE,

IMPRIMERIE TROYES OUVRIERS RÉUNIS, RUE SAINT-PANTALÉON, 3.

1859.

MÉMOIRE

SUR LES DROITS

DE M. ARISTIDE FERRERE,

A EXPLOITER

LA MINE DE ZINC DE LAUQUELLE,

Située dans la commune d'Aulus, arrondissement de Saint-Girons,
département de l'Ariége.

Le 11 septembre 1856, M. Aristide Ferrere, précédemment autorisé par le Gouvernement, à faire des fouilles pour la recherche des minerais de zinc dans la commune d'Aulus, a demandé, par pétition, régulièrement faite, la permission d'extraire et de *disposer* de 4,000 quatre mille tonnes de *minerai de zinc*, provenant de la *mine de Lauquelle*, située dans la commune d'Aulus, et de 500 cinq cents tonnes de minerai de *plomb* et de cuivre, provenant de ces mines situées dans la commune de Seix.

Par arrêté du 24 août 1857, le Gouvernement lui a accordé cette *permission*, et sous cette protection, M. Aristide Ferrere a continué à faire exécuter à la mine de zinc de Lauquelle des travaux, considérables; et au moment d'enlever le produit de ses longs et dispendieux travaux, il en a été empêché par le concessionnaire Lecourt, qui s'est opposé à l'enlèvement du minerai et à la continuation des travaux, c'est-à-dire à la décision du Gouvernement, sous le prétexte que la mine de zinc de Lauquelle se trouvait renfermée dans son périmètre.

Et d'abord, je conteste le fait, en m'appuyant sur la rectification et sur les indications données par M. l'Ingénieur en chef, dans sa lettre du 15 juillet 1856, qui marque, précisément sur le point en contestation, les limites de séparation du périmètre Lecourt avec le mien, que M. l'Ingénieur en chef a l'obligeance de tracer lui-même, dans ladite lettre, dont je donne copie plus loin; mais, en supposant le fait exact, le concessionnaire Lecourt ne peut pas empêcher l'exploitation *du zinc* dans sa concession, parce que la concession ne confère au concessionnaire que la propriété utile de la mine, c'est-à-dire le droit d'exploiter les substances minérales y *déterminées*, mais *pas d'autres*.

1859

Or, le concessionnaire Lecourt, qui a obtenu la concession d'une *mine de plomb*, ne peut s'approprier aucune partie de la *mine de zinc* qui se trouve dans sa concession.

Je suis inventeur de la mine de zinc de Lauquelle, et aux droits qui sont attachés à cette découverte j'ajoute ceux que me donne l'autorisation du Gouvernement, en date du 10 janvier 1857, pour la recherche des mines de zinc dans la commune d'Aulus, et ceux que me confère la permission qu'il a bien voulu m'accorder, en date du 24 août 1857, de disposer du produit de mes travaux de recherches.

Que le droit du concessionnaire Lecourt s'*arrête* aux mines qui font l'objet de sa concession, et que par conséquent le minerai *de zinc* de la mine de Lauquelle reste ma propriété, en vertu de la permission qui m'a été donnée par le Gouvernement d'y exécuter des travaux et de disposer des produits.

J'ajoute que le minerai de zinc (Blende) provenant de cette mine est très-pur ; mais y aurait-il mélange de substances concédées, ce minerai doit encore m'appartenir (Avis du Cons. des Min., du 10 août 1849. — Jurispr. du Cons. des Mines, t. I, p. 282 (1).

Que cette contestation élève une question principale d'appréciation, qui touche aux prérogatives souveraines du Gouvernement, qui dispose des mines , donne les autorisations ou permissions de fouilles et celles d'exploitations, et à qui , en *pareil cas*, le *droit de statuer* est *réservé*, tandis que les tribunaux décident les contestations qui s'élèvent entre les exploitants dans une même concession, *sur la nature des matières extraites* (Avis du Cons. des mines, du 20 juillet 1849. — Jurispr. du Cons. des mines, t. I, p. 283).

Dans son rapport sur la loi de 1810, M. le comte Stanislas Girardin s'exprime ainsi :

« Toutes les questions d'indemnités ou d'achat, dont il vient d'être parlé, sont de la « compétence des tribunaux et des cours , puisque ce sont des contestations *entre des* «*propriétaires* voisins , à raison de leurs *droits respectifs de propriété.*

« Les contestations auxquelles peuvent donner lieu des *travaux autorisés* par le Gou- « vernement, et ANTÉRIEURS à L'ACTE DE CONCESSION, sont de la compétence administrative, « conformément à l'article 4 de la loi du 28 pluviôse an VIII. »

Comme je ne suis pas encore concessionnaire et que par conséquent, je ne suis pas propriétaire de la mine, la contestation qui a lieu au sujet des travaux que le Gouvernement m'a autorisés à faire , est de la compétence administrative , et non de celle des tribunaux.

Par ces motifs sommaires, que je développerai plus loin, j'en appelle à la décision du Conseil d'Etat ; et c'est avec tous les sentiments de respect que je lui dois, que j'ai l'honneur de soumettre à ses lumières les documents qui établissent mes droits à

---

(1) Ainsi la concession des mines de Calamine ne doit pas être étendue à la Blende , bien que ces deux minerais donnent le zinc comme produit, et que celui-ci soit concessible (Cass. B, 2 avril 1840).

exploiter la mine *de zinc* de Lauquelle, qu'elle soit située *en dehors* ou *en dedans* du périmètre de la concession Lecourt; mais avant je demande la permission de dire quelques mots pour expliquer les motifs qui m'ont conduit dans le département de l'Ariège, et ceux qui m'y retiennent.

Dans l'année 1844, j'étais agent des finances d'Espagne à Paris, et dans cette position, j'étais placé de manière à pouvoir apprécier l importance d'un Chemin de Fer international de France en Espagne; et dans cet objet, je sollicitais des grâces de S. M. la Reine d'Espagne la concession d'un Chemin de Fer, partant de Murcie et allant jusqu'à Figuères, frontières de France, en passant par Alicante, Valence et Barcelonne. Cette concession me fut accordée, et quelques mois après, je cédais, par acte passé pardevant M° Cahouet, notaire, à Paris, et moyennant la somme de cinq millions de francs, ma concession à une Compagnie représentée par M. le comte de Morny, M. le marquis de Las Marismas, M. Vatout, M. le comte Fred de La Grange, et M. A. Dailly. Les Banquiers étaient MM. Baudon et C°, et les Ingénieurs, MM. Seguin.

La révolution de 1848 empêcha l'exécution de cette entreprise, évaluée à 100 millions de francs, et le cautionnement de deux millions de francs que ces messieurs avaient versés à la Banque de France, leur fut rendu par le Gouvernement espagnol.

Aussitôt après l'heureux retour du prince Louis-Napoléon Bonaparte en France, et dans l'intention de servir son Gouvernement naissant, je formais à Londres une société d'entrepreneurs, qui offrit de se charger à forfait de la construction complète du Chemin de Fer de Paris à Lyon et Avignon, moyennant le prix de 190 millions de francs, payables en obligations portant 6 p. 0/0 d'intérêt et remboursables en 40 années avec le produit du chemin.

Cette proposition parut digne de fixer l'attention de la majorité de l'Assemblée Législative, qui nomma à différentes reprises des commissions dont les rapports furent suivis de discussions publiques et de votes favorables à ma proposition. Le 2 décembre 1851 mit fin à toute proposition de ce genre.

Mais on n'abandonne pas facilement des entreprises de cette importance qui entraînent à d'énormes sacrifices, et qui, lorsqu'elles n'aboutissent pas, sont la ruine des personnes courageuses qui les créent; aussi me suis-je empressé, aussitôt après la nomination du Prince-Président, de former une société avec M. le duc de Fezensac, M. le comte Des-Cars, M. le vicomte de Néris et M. le baron Plauzal, et de soumettre à son gouvernement la demande en concession du Chemin de Fer de Bordeaux à Bayonne, à des conditions excessivement avantageuses, par suite de l'entreprise, à bon marché, des travaux de construction et de fournitures de rails, par un des plus riches entrepreneurs anglais qui me fut présenté par M. l'Ingénieur Barlow, sous la direction duquel les travaux devaient être exécutés et en présence duquel le traité fut signé.

Le principe des grandes concessions, par division de territoire, à une seule Compagnie ayant été adopté, la concession que je sollicitais fut donnée à la Compagnie du

— 4 —

Midi ; mais cette décision du Gouvernement ne s'appliquant pas aux lignes qui peuvent
traverser les Pyrénées , je crus ne pas contrarier les vues du Gouvernement en entre-
prenant , aussitôt après l'union d'une Illustre Princesse Espagnole , avec notre auguste
et bien-aimé Souverain , de rapprocher, au moyen d'un Chemin de Fer , à travers les
Pyrénées centrales , sa patrie d'origine , de sa patrie d'adoption (1).

Cette œuvre grandiose , mais remplie d'éventualités et commencée après des précé-
dents très-peu encourageants, comme on vient de le voir, n'eut pas l'assentiment de ma
famille ; cependant je persistai ; je me rendis dans les Pyrénées , j'examinai les différents passages , j'étudiai le plus grand commerce qui pouvait s'établir entre les diverses
régions que les Pyrénées séparent , et après avoir acquis la conviction que la vallée du
Salat (Ariège) était celle qui offrait le plus d'avantages pour y établir un Chemin de Fer ,
j'en entrepris les études à mes propres frais.

La présentation de mon projet au ministère des travaux publics eut ce premier avantage, pour le département de l'Ariège, d'appeler l'attention de S. Exc. M. le Ministre de
l'agriculture, du commerce et des travaux publics , sur cette partie des Pyrénées et avec
cette sollicitude que S. Exc. met à tout ce qui peut rehausser la gloire de l'Empire, elle
a prescrit , par une dépêche en date du 4 juin 1857 , l'étude d'une ligne de Chemin
de Fer , de *France* en *Espagne*, *par la vallée du Salat* , et a bien voulu désigner MM. les
Ingénieurs de Bergis et Gallaup , pour l'exécution de ce travail. Le nom de M. de Bergis
est une garantie ; elle sera déterminante pour les Compagnies , et si mes renseignements
sont exacts , les études sur le terrain sont achevées , et celles faites dans le cabinet ne
tarderont pas à être soumises à S. Exc... J'aime à penser qu'elles démontreront la supé-
riorité incontestable de ce passage sur tous les autres, tentés le long de la chaîne des
Pyrénées centrales.

Voilà ce qui m'a conduit dans l'arrondissement de St-Girons , à Salau, où je propose
de percer les Pyrénées ; voici maintenant ce qui me retient dans cette contrée :

(1) Dans l'intervalle , je formais à Naples une Société avec M. Dageouts et M. Degas , pour l'exploitation du décret de concession du *desséchement du lac Fucino*. — Après avoir visité avec moi le
lac et les travaux souterrains à exécuter , M Brassey se chargea de l'entreprise moyennant une somme
déterminée , et l'apport de la concession à la Société pour un million cinq cent mille francs. — Je
consentis au nom de mes deux associés MM. Dageouts et Degas. — Le capital fut souscrit à Londres par
les soins de MM. Ricardo , et les premiers versements opérés , lorsque M. Degas arriva de Naples et
s'opposa , demandant deux millions de francs pour prix de l'apport de la concession. — Ces prétentions
exagérées firent rompre l'affaire , et justement blessé , M. Ricardo se retira et rendit les fonds aux
actionnaires. — Cette entreprise, remplie de souvenirs historiques et artistiques et dont mon regrettable
ami M. de Visconti aimait tant à s'entretenir avec moi, n'est pas morte , elle a trouvé un Prince éclairé,
qui aime les arts et les encourage , qui l'a prise sous sa protection ; le prince de Torlonia l'a commencée
et il la mènera à bonne fin !

En parcourant les hauteurs de la vallée du Salat, je fus profondément attristé de voir la misère et l'ignorance qui régnaient dans ces campagnes ; et, mu par un sentiment bien naturel, je cherchai les moyens d'organiser le travail dont ces malheureux n'avaient pas même l'idée ; et, dans ce but, je demandai et j'obtins l'autorisation de faire des recherches de mines. C'est ainsi, qu'à mon grand regret, j'ai été conduit, de dépenses en dépenses, à enfouir, en recherches hasardeuses, une très-grosse somme d'argent, et le désir bien naturel d'en retirer tout, ou partie, explique les motifs qui me retiennent dans ce pays.

Les découvertes de mines de houille, de plomb, de cuivre et de zinc que j'ai faites dans l'arrondissement de Saint-Girons feront bientôt la prospérité de ces contrées, j'aime à le penser ; mais, en attendant, pour récompense d'avoir mis le département de l'Ariège en relief, par mon projet de chemin de fer, et par l'exposition des produits de mes mines à l'Exposition Universelle de Paris, en 1855, à celle de Toulouse, en 1858, et à celle de Bordeaux, en 1859, je ne trouve qu'oppositions, que difficultés, là où j'étais en droit d'espérer trouver encouragement, aide et protection.

L'envie, la jalousie, la cupidité, animent quelques personnes de ce pays, et ce sont ces vilaines passions qui ont été mises en jeu pour susciter aux héritiers Lecourt, qui avaient abandonné les mines depuis vingt années, et qui ne sont autorisés à exploiter dans leur périmètre *que le plomb*, la prétention de s'opposer à l'exécution de la décision ministérielle qui m'a rendu *permissionnaire*, par la raison inadmissible que la mine de zinc de Lauquelle est dans le périmètre de leur concession. Cette question a été tant de fois soulevée, et chaque fois résolue contrairement aux prétentions du sieur Lecourt, que la jurisprudence des Mines est établie à ce sujet.

J'attends avec confiance, et je recevrai avec respect la décision que MM. les magisrats du Conseil d'Etat rendront.

FAITS.

Avant de commencer à faire des recherches de mines dans le canton d'Oust, arrondissement de Saint-Girons, j'eus le soin de m'informer s'il y avait des concessions ou des permissions accordées par le Gouvernement ; j'appris, qu'en effet, dans l'année 1832, M. Lecourt avait adressé une demande en concession de mine de plomb, dans l'objet *spécial* d'exploiter le plomb seulement ; que cette demande avait été régulièrement affichée et publiée dans les communes d'Ercé et d'Aulus, et que la concession en fut faite dans l'année 1835.

Je me procurai un des imprimés affichés et publiés à cette époque, et dans lequel sont mentionnées les *limites* du périmètre demandé et la nature du minerai (*plomb*) que le sieur Lecourt voulait exploiter.

J'appris ainsi, d'une manière certaine, qu'à l'exception du plomb, je pouvais rechercher, même dans le périmètre concédé au sieur Lecourt, toutes les autres substances métallifères qui pouvaient s'y trouver.

Ajoutons, que les informations prises auprès des autorités locales, au sujet de la concession Lecourt, me donnèrent l'assurance que ce qu'on disait de l'abandon complet des mines par M. Lecourt, et, plus tard, par ses héritiers, était vrai. En effet, en prenant communication des deux lettres que M. le maire d'Aulus remit à M. A. Ferrere, on se rendra compte de l'état dans lequel était cette concession, lorsqu'en 1855 j'entrepris de faire des fouilles :

Aulus, le 8 juillet 1855.

Monsieur le Sous-Préfet, à Saint-Girons,

En 1832, M. Lecourt demanda l'autorisation de faire des recherches sur une partie des biens de la commune d'Aulus, et après quelques fouilles il sollicita une concession que le Gouvernement lui accorda.

M. Lecourt n'a jamais payé à la commune la redevance qui lui est due ; il a cessé complétement les travaux, et depuis quatorze ans pas un seul ouvrier n'a été employé à la mine de plomb qu'il devait exploiter.

Cet abandon cause le plus grand préjudice à tous, et comme il est réservé à l'Administration de prononcer dans les cas où toute exploitation suspendue laisse des craintes sur les besoins des consommateurs, et que ce moment semble arrivé, *depuis les recherches qui se font avec notre autorisation* par M. Aristide Ferrere, nous avons l'honneur, Monsieur le Sous-Préfet, de vous exposer que la non exploitation de la mine par M. Lecourt, a nui considérablement jusqu'à ce jour au bien-être de notre population.

Le montant des redevances annuelles, en y ajoutant les intérêts, forment une somme considérable pour la commune, eu égard à ses ressources et à ses besoins ; nous vous demandons votre avis et vos conseils sur la meilleure et la plus prompte manière de rentrer dans ce capital.

Enfin, Monsieur le Sous-Préfet, dans un intérêt général, comme dans celui de notre commune en particulier, nous appelons votre attention sur un pareil état de choses si préjudiciable et qui jusqu'à un certain point peut compromettre l'avenir de notre commerce, en empêchant d'autres personnes d'exploiter des gîtes métallurgiques, dans la crainte d'*être gênés* et *tracassés par des prétentions que M. Lecourt pourrait élever.*

Nous en rapportant avec confiance dans vos lumières et dans les sentiments dont vous êtes animé ,

Nous avons l'honneur , etc.

Le Maire , SOUQUET.

Aulus , le 28 juillet 1855.

Monsieur Ferrere ,

Je me hâte de vous donner ci-bas, *copie*, de la réponse que M. le Préfet a faite à M. le Sous Préfet de Saint-Girons , et celui-ci au Maire d'Aulus , au sujet de la concession Lecourt.

Signé : V. SOUQUET.

Foix , 25 juillet 1855.

Monsieur le Sous-Préfet ,

En réponse à la lettre que vous m'avez fait l'honneur de m'écrire , le 16 de ce mois, au sujet de la mine de plomb d'Aulus , je m'empresse de vous informer que , conformément aux propositions de MM. les Ingénieurs, j'ai écrit , le 21 mars dernier , aux héritiers Lecourt pour les inviter à se faire représenter sur les lieux de la mine , dans le mois de mai et juin dernier et à faire exécuter les travaux nécessaires pour rendre accessibles les galeries principales et les puits , en les prévenant que , *faute par eux de se rendre à cette invitation, on provoquera, à partir du 1er juillet prochain, la mise en adjudication de la concession réputée abandonnée.*

Par le courrier de ce jour , je communique la lettre de M. le Maire d'Aulus à M. l'Ingénieur en chef des mines , en le priant de me mettre à même de faire cesser cette situation anormale. La mine de plomb d'Aulus a été concédée à M. Lecourt, par ordonnance royale , du 14 septembre 1835.

Agréez , etc.

Le Préfet de l'Ariége ,

Signé : PIÉTRI.

Communiqué à M. le Maire d'Aulus.

Saint-Girons , 26 juillet 1855.   Le Sous-Préfet , DE MARGAT.

Pour copie conforme destinée à M. le Maire d'Aulus ,

Le Sous-Préfet , DE MARGAT.

Il ressort évidemment de la lettre de M. le Préfet de l'Ariége que si M. l'Ingénieur en chef eût secondé les intentions et les vues administratives de M. le Préfet, les contestations et les procès qui s'élèvent de tous côtés , au sujet des mines , n'auraient pas lieu et la négligence est d'autant plus grande que les héritiers Lecourt n'ont pas répondu aux avertissements de M. le Préfet et qu'ils n'ont donné signe *de vie que trois années après* , en 1858 , lorsqu'il y avait une grande quantité de minerai extrait et prêt à être enlevé.

La retraite de M. Lecourt porta le dernier coup aux mines de l'Ariége. Personne n'osa plus entreprendre des fouilles et MM. les Ingénieurs des mines ne fesaient rien pour combattre cette fâcheuse opinion, que, dans les Pyrénées, il n'y avait pas de gisement utilement exploitable et que , tout l'argent qu'on mettrait à faire des fouilles, serait un argent perdu.

C'est contre cette opinion préconçue et arrêtée que j'eus à lutter au commencement de mes travaux , et lorsque , plus tard , mes découvertes de mines de zinc , de cuivre, de plomb et de houille , ont été susceptibles de me procurer quelques avantages , achetés avec beaucoup de risques , c'est contre l'envie et la cupidité la plus effrénée que j'ai à lutter.

C'était en prévision d'une semblable éventualité que j'avais tenu à me procurer un exemplaire *imprimé* de la demande de concession faite par le sieur Lecourt , afin d'opposer un document incontestable aux moyens que la cupidité mettrait en jeu pour arriver à ses fins.

En possession d'un des exemplaires de la demande de concession qui a été *publiée* et *affichée* , et qui , par ce fait , est le *seul* titre *valable* , il a été facile de tracer sur la carte le périmètre de la concession Lecourt , en suivant point par point la désignation de chacune des lignes formant le périmètre. L'erreur n'est pas possible , car, par un hasard providentiel , deux rivières sont indiquées ; elles sont des guides sûrs , qu'on ne peut pas changer et qui ne peuvent pas disparaître , comme des bornes , ou dont on ne peut pas changer les noms comme celui des montagnes ou des lacs , selon le besoin de la cause.

Ces deux rivières sont, la *Neil* et le *Courtignon*; elles nous tracent la ligne du périmètre demandé par M. Lecourt en 1832. Ces rivières sont aujourd'hui où elles étaient hier , où elles seront demain. Et l'affiche de demande en concession , en date du 14 mars 1832 , porte :

« Lecourt , député de la Mayenne , demeurant à Mayenne , a l'honneur de vous expo» ser , qu'en sa qualité de minéralogiste et métallurgiste , possesseur de procédés parti» culiers et économiques pour traiter les minerais de plomb , il vous prie de lui faire » accorder par le Gouvernement la concession des mines de plomb d'Aulus , dites les » Argentières et Castel Minier , situées dans l'arrondissement de St-Girons (Ariège), sui» vant le pérymètre indiqué au plan ci-joint , en triple expédition ;

Savoir :

« Partant du nord de la commune d'Erce , allant à l'est , à la jonction de la Neil et
» du ruisseau de Courtignon , remontant ce ruisseau au midi jusqu'à l'étang de Lhers ,
» passant à Castel Minier , marchant à l'ouest à Aulus et revenant à Erce par une ligne
» droite au point du départ. »

Maintenant si l'on veut prendre la peine de jeter un coup d'œil sur la carte que j'ai
fait dresser (Annexe n° 4), et comparer la ligne renfermant le périmètre Lecourt avec
le texte de la demande en concession, on sera convaincu de l'exactitude religieuse avec
laquelle j'ai fait représenter , conformément à l'affiche , le périmètre de la concession
Lecourt ; et l'on verra qu'il résulte évidemment que la mine Lauquelle est en dehors
de ce périmètre. Pour m'en assurer davantage , j'ai fait faire , par un géomètre expert ,
l'opération sur le terrain , et le résultat est que la mine Lauquelle est de 400 mètres en
dehors des limites de la concession Lecourt.

Ne pouvant contester des faits aussi incontestables, on a recours à des moyens ex-
trêmes : on présente un prétendu plan daté et enregistré en **1837** , deux années *après*
la concession ; lequel plan n'a jamais été *publié* ni *affiché* , et qui par ce fait est *nul* ; la
loi est positive à cet égard.

Ensuite, comment vouloir admettre pour légal un plan daté de deux années *après* la
concession !

La concession est de septembre 1835, et le plan que les héritiers Lecourt présentent est
daté et enregistré d'octobre 1837.

Le simple rapprochement de ces dates suffit pour éclairer la question ; et comme on
n'est pas bien sûr de ce moyen, on a recours à un autre, et l'on dit que l'étang de *Laband*
s'appelle aussi dans le PAYS , étang de *Lhers* , et que c'est vers cet étang que la ligne doit
aboutir. Et d'abord, le cadastre existait , en 1832, lorsque M. Lecourt a fait sa demande ;
or , le cadastre mentionne ces deux étangs , l'un par le nom d'étang de *Lhers* , l'autre
par le nom de l'étang de *Laband*. Il n'y a donc pas pu y avoir erreur de la part de M.
Lecourt.

A ce témoignage j'en ajoute un autre qui détruit la prétendue fable, que dans le pays,
l'étang de Laband s'appelle également étang de Lhers. Ce sont deux lettres qui m'ont
été adressées par M. le docteur Bacqué, propriétaire, habitant Ercé ; cette attestation a une
grande valeur , parce que M. Bacqué était le *représentant de M. Lecourt* dans le pays.
C'est lui qui était chargé de toutes ses affaires , c'était son homme de confiance , et il
l'est encore aujourd'hui de Mme veuve Haumard , héritière de M. Lecourt.

Voici ces deux lettres :

Ercé, le 28 Mai 1858.

Monsieur Ferrere, chez le sieur Brousset, à Scix,

Par votre lettre du 18 de ce mois, vous me demandez, comme ayant été le représentant dans ce pays de M. Lecourt, de vous indiquer la ligne de la limite de sa concession de mine de plomb argentifère d'Aulus ; autant que je puis me le rappeler, elles sont ainsi qui suit : Par suite de lignes tirées d'Aulus à Castel Minier, de Castel Minier à l'étang de Lhers, de l'étang de Lhers à la montagne de Mousseau, et de cette dernière montagne à celle d'Ercé, appelée Pic de Lalau, et de ce point à Aulus. J'aurais désiré avoir sous mes yeux les documents nécessaires, et dans cette hypothèse, j'aurais pu vous répondre avec plus de précision et entière connaissance de cause.

Je crois que M. Lecourt devait former une demande d'adjonction au périmètre de sa concession, j'ignore s'il le fit et plus si elle lui fut accordée.

Agréez, etc.

Signé : BACQUÉ.

Toulouse, 13 Juin 1858.

Monsieur Ferrere, rue des Lois, 2 *bis*,

J'ai reçu la lettre que vous venez de m'adresser le 12 du présent mois de juin. Vous me demandez si l'étang de *Laband*, situé à l'ouest de Castel Minier, s'appelle étang de *Lhers* ; je ne l'ai jamais entendu nommer qu'étang de *Laband*, et *non* l'étang de *Lhers*.

L'étang de Lhers, situé au nord de Castel Minier, s'appelle étang de *Lhers*, situé sur le terrain appartenant à la commune de Massat ou Ercé. Voilà, Monsieur, tout ce que je puis vous dire à ce sujet.

Recevez, etc.

Signé : BACQUÉ.

Après cette déclaration, je pourrais cesser de réfuter plus longtemps de pareils moyens mis en œuvre pour s'emparer du produit de mes travaux ; mais je ne puis rappeler assez ce principe de la loi des mines, qui veut que toute demande de concession soit accompagnée d'un plan désignant le périmètre, et que cette demande soit publiée et affichée dans les communes.

A ces marques on peut distinguer très-facilement le *véritable* plan d'une concession, lorsqu'on a le courage d'en présenter un second.

Le plan que les héritiers Lecourt présentent aujourd'hui a-t-il été joint à la demande en concession ?

Cette demande a-t-elle été *publiée*, *affichée*? à quelle époque ces publications ont-elles été faites?

Le plan et la demande ne pouvant être *disjoints*, doivent porter la même date ; en est-il ainsi ?

Non; rien de tout cela n'existe.

On présente un plan *isolé* de la demande de concession , un plan qui porte une *date différente* de celle de la demande de concession et postérieure à la date de l'ordonnance de concession. En effet, la demande est du 14 mars 1832. L'ordonnance de concession du 25 septembre 1835 , et le plan que les héritiers Lecourt présentent , est du 25 octobre 1837 , c'est-à-dire postérieur de cinq années à la demande , et de deux années à l'ordonnance de concession.

Quelle que soit la respectabilité des personnes qui se sont prêtées à leur insu à cette œuvre postérieure à la concession , ce plan ne peut avoir aucune autorité , il n'en a aucune aux yeux de la loi.

On doit, pour être dans le vrai, revenir à la demande en concession faite par M. Lecourt, en 1832. Celle-là est régulière; on y trouve, comme l'exige la loi , le nom du demandeur, la nature du minerai qu'il veut extraire ; la manière dont il entend le traiter, et le livrer au commerce; et enfin la désignation du périmètre qu'il demande, et l'annonce qu'il *joint* à sa demande le plan de ce périmètre.

C'est sur cette demande et sur ces plans, affichés et publiés, en 1832, qu'a été rendue l'ordonnance de concession, du 25 septembre 1835.

C'est ce plan qui, seul, est régulier, et qui seul fait foi; car on comprend que le Gouvernement n'a pu accorder une concession, en 1835, sur des plans fabriqués en 1837. Où en serait-on si chaque concessionnaire pouvait, au gré de ses intérêts, ou de son caprice, changer tout ou partie du périmètre, en déposant chaque fois un nouveau plan, qu'il lui suffirait de faire enregistrer?

Maintenant je vais démontrer qu'en supposant que la mine de zinc de Lauquelle fût dans le périmètre de la concession Lecourt (ce qui n'est pas), cette mine n'en serait pas moins ma propriété, et que seul j'ai le droit de l'exploiter.

En effet, la loi dit : « Le titre de concession accordé par le Gouvernement pour » l'exploitation des substances minérales, confère la faculté exclusive de faire, dans » l'étendue de la concession , tous les travaux de recherche et d'extraction pour l'objet » dont l'exploitation est concédée, et non pour d'autres ; car si une autre substance miné- » rale y était connue, ou qu'elle y fût découverte, même pour les travaux des conces- » sionnaires, ils ne *pourraient l'exploiter* qu'en vertu d'une *autorisation spéciale*, pour » l'obtention de laquelle ils auraient à remplir les *mêmes formalités* que pour les con- » cessions *ordinaires*.

La loi dit également que « le droit de faire des recherches résulte de la permission » donnée par le Gouvernement, à défaut du consentement du propriétaire. »

— 12 —

Il résulte évidemment de là, 1° que le concessionnaire Lecourt, n'étant autorisé qu'à exploiter le *plomb*, n'a pas le *droit* d'exploiter le *zinc* dans son périmètre, sans en avoir obtenu l'autorisation dans les *formes* voulues pour les concessions ordinaires, c'est-à-dire la demande, les publications, les affiches, etc., etc., afin que les *ayants droits* puissent s'opposer ;

2° Il n'est pas nécessaire de son autorisation pour rechercher le zinc dans le périmètre de sa concession ; la permission du Gouvernement suffit (1).

Mais il résulte également de ce qui précède que pour que j'aie le droit d'exploiter et que le produit *soit ma propriété*, que je démontre : 1° que J'EN SUIS L'INVENTEUR ; 2° que le Gouvernement m'a donné l'autorisation de recherche, et celle de disposer du minerai. Je demande pour cela un moment d'attention.

Dans ma première demande de recherche, faite le 8 mars 1855, j'ai désigné nominativement la mine de zinc *de Lauquelle* comme étant l'endroit où les travaux allaient être entrepris avec le plus de vigueur, et celui où J'AVAIS DÉCOUVERT le plus grand filon de zinc (*Voir* Annexe, n°s 3 et 4).

Par suite de ces travaux j'eus la satisfaction d'être le premier à faire connaître aux yeux du monde commercial un des produits ignorés de nos Pyrénées, en envoyant à l'Exposition Universelle de Paris deux blocs de blende française, provenant de la mine de Lauquelle. C'était une prise de possession en face du monde commercial.

Cependant, je reconnais que je n'eusse pas réussi à faire admettre le zinc français, sans l'assistance éclairée de S. A. I. le prince Napoléon, président de la commission ; arrivé trois mois après le délai fixé pour l'admission, on ne voulut pas d'abord admettre ces échantillons ; mais, sur une lettre que j'eus l'honneur d'adresser à M. le Président, en le priant de vouloir bien considérer que ce serait le *seul zinc français* parmi tous les zincs étrangers qui abondaient à l'Exposition, S. A. I. en permit l'admission, par *exception*, et le très-honorable M. Le Play, en me fesant connaître cette *faveur*, eut l'obligeance de me laisser le choix de la place.

Je mis ces deux blocs sur une colonne, à côté du gros bloc de Calamine, envoyé par l'administration de la Vieille-Montagne.

____

(1) Le droit de recherche ne pouvait être abandonné au premier aventurier venu, et puisqu'il est d'un haut intérêt social que les mines soient exploitées, il faut par cela même lever les obstacles qui pourraient s'opposer à leur découverte.

Il ne faut pas que la paresse du propriétaire ou la pénurie de ses ressources privent la société d'une portion de la richesse souterraine.

La permission du gouvernement tient lieu alors de la permission du propriétaire.

Le gouvernement est donc en mesure de vaincre la résistance ou l'inertie du propriétaire de la surface. (Ordonnance du 4 août 1839).

Je ne dirai pas ce qu'il a fallu de peine, de soins et de dépenses, pour extraire et envoyer à Paris ces énormes blocs, pesant plus de trois mille kilos et sortis d'une vallée sans route, sans moyens de transport ; mais ce que je dis bien haut et ce qu'il faut que l'on connaisse, c'est que sur chaque bloc et sur la colonne qui les supportait, était attachée une étiquette portant :

ZINC FRANÇAIS — (Blende),

Mine DÉCOUVERTE et explorée par M. Aristide Ferrere, dans la commune d'Aulus (Ariége), au lieu dit « *Lauquelle.* »

C'était bien une prise *de possession* de la mine de *zinc de Lauquelle*, en présence du commerce du monde ; j'ajoute que c'était un acte de patriotisme, puisque je fesais connaître un nouveau produit de nos Pyrénées.

Il ne m'appartient pas de dire ce qu'a de méritant cette *initiative* ; mais le commerce des minerais qui commence à se faire aujourd'hui, dans cette vallée alors inanimée, me fait penser qu'en cela, j'ai été utile à ce pays.

En septembre 1855, les travaux de recherche me paraissant assez avancés, je demandai la concession ; mais, avant d'en faire la demande, je sollicitai de M. le Préfet les renseignements nécessaires pour ne pas englober dans ma demande la moindre parcelle des terrains compris dans le périmètre de la concession Lecourt.

M. le Préfet me fit l'honneur de m'adresser les deux lettres (Annexe 1, 6), qui me mirent à même de connaître le texte de la concession Lecourt, et M. l'Ingénieur en chef eut l'obligeance d'ajouter quelques conseils bienveillants dans les lettres qu'il m'a adressées (annexes nos 8 et 9.).

On voit avec quel soin je cherchais à m'entourer des lumières des autorités avant d'agir, et ce fut ainsi qu'après la visite des mines (celle de Lauquelle comprise), qui a précédé ma demande en concession, je soumis à M. l'Ingénieur ordinaire, qui venait de faire la visite, ma demande à laquelle était joint le plan du périmètre que je sollicite des grâces de S. M, l'Empereur.

Cette demande porte, dans l'énumération des mines :

1° Une *mine de* ZINC, *située dans la commune d'Aulus*, au lieu dit *Lauquelle, etc.*

M. le Préfet envoya ma demande à M. l'Ingénieur qui l'accueillit, et après l'avoir trouvée régulière, il adressa le dossier à M. l'Ingénieur en chef.

Ce dernier, qui avec une sollicitude toute particulière, tenait à ce que dans ma demande aucune parcelle des terrains du périmètre Lecourt ne fût englobée, proposa un changement dans la direction de la ligne, juste au point qui marque la séparation de nos deux périmètres et qui fait aujourd'hui le sujet de la contestation, et par le *fait même de cette rectification*, M. l'Ingénieur en chef a tranché la question en contestation avec les héritiers Lecourt et a donné ainsi son opinion écrite que la ligne du périmètre de la concession Lecourt, allait de Castel Minier à l'Etang de Lhers et *non pas* à l'Etang de Laband.

J'ose appeler l'attention de MM. les magistrats sur les deux lettres suivantes, qui, à mon sens, sont déterminantes :

Toulouse, le 15 juillet 1856.

A M. Ferrere, rue de Las-Cases, 10, à Paris.

Monsieur,

Aujourd'hui seulement je reçois de M. de Cizancourt votre demande en concession des mines d'Aulus, Saint-Lizier d'Ustou, Seix, et avec le plan et un rapport concluant à l'affiche de la demande. Malheureusement, en examinant ces pièces, je viens de m'apercevoir d'un désaccord qui existe entre la pétition et le plan dans l'indication de la limite orientale de la concession. Cette dernière d'ailleurs est incomplète, en ce que vous n'avez pas fait mention du chiffre de la redevance offerte aux propriétaires du sol. Je renvoie, en conséquence, la pétition et le plan à M. le Préfet de l'Ariège, en le priant de vous faire part des observations que je lui ai soumises.

Pour mettre d'accord la pétition et le plan, il vous suffirait, je pense, de prendre pour *limite orientale de terrain demandé une ligne droite, partant de l'extrémité de l'étang de Lhers et aboutissant à la pointe nord de la montagne de Bassiet.* Dès que la pétition aura été régularisée par la rectification de cette limite et par l'addition du chiffre de la redevance, je ferai dresser le projet d'affiche. Quant aux indications à ajouter sur le plan, ainsi que je le fais observer à M. le Préfet, vous pourrez faire cela pendant la durée des affiches.

Veuillez agréer, Monsieur, l'expression de mes sentiments très-distingués,

Signé : VENE.

COPIE.

EMPIRE FRANÇAIS.

Préfecture du département de l'Ariège.

Toulouse, le 15 juillet 1856.

Monsieur le Préfet,

J'ai l'honneur de vous faire le renvoi de la demande en concession du sieur Ferrere, en double expédition, et du plan en double. Ces pièces viennent de m'être adressées par M. l'ingénieur de

Cizancourt. Il est nécessaire qu'elles soient rectifiées et complétées pour que je puisse rédiger le projet d'affiche. D'après la pétition, la limite Est de la concession serait formée par la *limite des communes de Suc, Saleix et Auzat, confrontant la commune d'Aulus, jusqu'à la pointe nord de la montagne de Bassiet.* Cette indication, que je copie textuellement est *vicieuse :* d'ailleurs, elle ne s'accorde pas avec le *plan,* d'après lequel la limite orientale de la concession *serait formée par une ligne droite allant de l'étang de Lhers à la montagne de Bassiet.*

La pétition devra être complétée par la mention du chiffre de la redevance offerte au propriétaire du sol, conformément aux art. 6 et 42 de la loi du 21 avril 1810.

Le plan devra également être complété en y indiquant la position, la direction et la nature des gîtes de minerai.

J'ai l'honneur de vous proposer de faire part de ces observations à M. Ferrere, et de l'inviter à compléter la pétition et le plan, *d'après mes indications.* Le plus urgent dans ce moment est de faire disparaître le désaccord qui existe entre la pétition et le plan, au sujet de la limite orientale de la concession, et d'ajouter la mention du chiffre de la redevance. *Après cette rectification la pétition pourra être affichée.* Quant aux indications à ajouter sur le plan, elles pourront être faites pendant la durée des affiches.

Je suis, etc.

L'ingénieur en chef des Mines,

Signé : E. VENE.

Pour copie conforme :

Le conseiller de Préfecture délégué,

Signé : A. RUFFIÉ.

Cette deuxième lettre de M. Vène à M. le préfet me fut envoyée accompagnée de la lettre (Annexe 10).

On n'a qu'à jeter les yeux sur la carte pour voir qu'il ressort évidemment des lettres de M. l'Ingénieur en chef :

1° Que la première indication que j'avais mise après l'avoir soumise à M. de Cizancourt, ingénieur, et avoir reçu son assentiment, en prenant pour limite *est* de la concession, les communes de Suc, Saleix et Auzat, confrontant la commune d'Aulus, jusqu'à la pointe *nord* de la montagne de Bassiet, bien que vicieuse aux yeux de M. l'Ingénieur en chef, *impliquait* cependant, sans qu'il puisse y avoir le moindre doute, que l'étang de Laband était renfermé dans mon périmètre, et non dans celui de la concession Lecourt ;

2° Qu'en suivant les *indications* de M. l'Ingénieur en chef et en mettant sur ma demande pour limite orientale le terrain demandé, une ligne droite partant de *l'extrémité » de l'étang* de Lhers et *aboutissant à la pointe nord* de la *montagne de Bassiet, »* les limites de la concession Lecourt restent toujours d'Aulus à Castel Minier, et à l'étang de Lhers, et que l'étang de Laband reste dans mon périmètre avec tous les terrains compris entre *Castel Minier*, l'étang de *Lhers* et la montague de *Bassiet*.

Ainsi donc, l'opinion ÉCRITE et approuvée sur mes plans par M. l'Ingénieur en chef, est contraire aux prétentions des héritiers Lecourt, qui voudraient aujourd'hui que leur concession s'étende jusqu'à l'étang de *Laband*; et du moment que j'ai suivi en tout point et littéralement mot pour mot, avec les mêmes *termes*, les indications que M. l'Ingénieur en chef a eu l'obligeance de me communiquer, *mon périmètre devient* SON ŒUVRE.

Je n'ai donc pas pu me tromper; je ne me suis pas trompé, puisqu'après ces corrections la pétition a été *affichée*, et que pendant deux années de 1856 à 1858 on m'a laissé faire des travaux à Lauquelle *sans aucune opposition*.

Je pouvais attendre l'issue de ma demande en concession, sans augmenter les travaux; cependant la récolte de 1856 ayant complétement manqué, je compris qu'il était du devoir de chacun de venir en aide aux classes malheureuses, et dans cette intention, je sollicitai de l'administration la permission d'extraire une certaine quantité de minerai et d'en pouvoir disposer; mais pour que ces permissions soient données *par le Gouvernement*, il faut, suivant la loi, désigner :

1° L'*endroit* et la *mine* d'où on veut *extraire* le minerai;

2° La *qualité* du minerai;

3° La quantité qu'on veut extraire et dont on demande à disposer.

Or, voici ma demande :

Seix, le 11 septembre 1856.

A Monsieur le Préfet du département de l'Ariège,

Monsieur,

VOUS connaissez beaucoup mieux que personne le mal que la sécheresse a fait dans ce pays, où tout, jusqu'aux feuilles des arbres, est brûlé. — Il est à craindre que la misère ne soit très-grande cet hiver, à cause de la cherté des denrées alimentaires, même les plus communes, qui sont à des prix si élevés, que le peuple des montagnes devra forcément s'en priver; lorsqu'on voit les pommes de terre, qui valent d'ordinaire dans ce canton trois francs l'hectolitre, se vendre couramment quatorze francs, on se demande avec effroi comment on passera l'hiver.

Dans votre sollicitude pour vos administrés, vous préparez les moyens de secourir et de consoler de si nombreuses infortunes, et dans cette pensée chrétienne, je viens, M. le Préfet, vous offrir d'y contribuer pour ma part, en fesant ouvrir un chantier de travail où 150 à 200 personnes pourront gagner leur vie, pendant tout l'hiver, en transportant à bras tout le minerai EXTRAIT DEPUIS DIX-HUIT MOIS, et celui que j'extrais journellement; ce mode de transport sera long et dispendieux, mais je l'établis ainsi sur un parcours de six kilomètres, pour atteindre le but que je me propose de faire travailler les femmes, les enfants et les hommes.

Mes intentions ne peuvent se réaliser sans la permission que j'ai l'honneur de vous demander, de pouvoir enlever et disposer du minerai qui existe sur le carreau de la mine et celui qui proviendra des travaux que je ferai exécuter.

La *blende* (*zinc*) que je désire *extraire* et *enlever* se trouve dans la commune d'Aulus, au lieu dit *Lauquielle*, et en raison de ses blocs et de son poids, j'évalue à quatre mille tonnes (de 1,000 kilos) la quantité que je demande à extraire et à enlever.

Quant au minerai de cuivre et de plomb, il est situé dans la *commune de* SEIX, aux lieux dits Molibès, Mède et Conflens de Bémajou, et la quantité que je pense enlever n'excèdera pas cinq cents tonnes.

L'autorisation que je demande et que la loi vous laisse la faculté de m'accorder, se donne généralement sans difficulté; et si en considération des circonstances difficiles où se trouve ce canton, vous pensez pouvoir accéder, sans retard, à ma demande, j'organiserai, le jour même de votre réponse, le travail pour toute la saison d'hiver. — Ne restant que quelques jours encore ici, il me serait agréable de laisser, avant mon départ, le chantier ouvert.

Dans l'espérance de trouver un encouragement dans votre réponse, j'ai l'honneur, etc.

Signé : A. FERRERE.

Voici la réponse de M. le Préfet :

Foix, le 17 septembre 1856.

A Monsieur A. Ferrere, propriétaire à Seix.

Monsieur,

Je m'empresse de répondre à votre lettre du 11 de ce mois relative à l'autorisation que vous sollicitez, de faire transporter et de disposer du minerai provenant des produits de vos recherches, dans le but de donner du travail à la population ouvrière pendant la saison de l'hiver où nous allons entrer.

Je vous remercie d'avance de tout ce que vous voudrez bien faire en vue d'améliorer la position des habitants de nos montagnes, que la cherté des subsistances éprouve si cruellement ; mon concours vous est donc assuré pour seconder vos entreprises, car il n'est rien que je tienne plus à cœur que d'alléger les souffrances des malheureux qui souffrent.

En conformité des réglements, je transmets, par le courrier de ce jour, votre demande à M. l'ingénieur en chef des Mines, avec prière de me donner son avis le plus promptement possible (1).

Dès que sa réponse, me sera parvenue je m'empresserai de vous faire connaître les suites à donner à vos propositions, qui, je n'en doute pas, seront conformes au but que vous vous proposez.

Agréez, etc.

Le Préfet,

Signé : E. CASTAING.

(1) M. l'Ingénieur est *resté dix mois* sans donner son avis !

Assuré du concours que M. le Préfet voulait bien m'annoncer, je fis travailler pendant l'hiver, et au *printemps* en mai 1857, lorsque je voulus disposer du minerai, j'en fus empêché : les gardes forestiers saisirent les chevaux et les voitures qui étaient en route pour Saint-Girons; un procès-verbal de saisie fut dressé, une citation me fut donnée et je fus condamné à 100 fr. d'amende.

La raison était que la permission n'était pas *encore* arrivée à l'administration forestière.

En effet, par suite des lenteurs que met dans toutes mes demandes M. l'Ingénieur en chef des Mines, son opinion sur ma pétition du 11 septembre 1856 ne fut donnée que *le 2 juillet* 1857, et la lettre approbative de S. Exc. M. le Ministre de l'agriculture, du commerce et des travaux publics n'a pu naturellement être donnée que le 24 août 1857, et l'arrêté de M. le Préfet, en date du 29 août 1857.

On voit par cet exemple combien il est difficile de travailler en ce pays, et combien d'entraves j'éprouve depuis cinq années, puisqu'en proposant une mesure pour venir au secours des malheureux, il en est résulté les désagréments d'une saisie, d'un procès, d'une condamnation, et tout cela par la faute de M. l'Ingénieur en chef des Mines, qui, en raison du but charitable qui avait été la cause de ma demande, aurait dû se départir, pour cette fois au moins, du parti pris de retarder le plus long temps possible mes demandes, et de trouver toujours le prétexte d'une irrégularité pour me faire *recommencer* l'œuvre. Si le fait que je viens de citer d'un intervalle de dix mois, entre la date de ma demande et la date de la réponse de M. l'Ingénieur, était *unique*, je ne le mentionnerai pas, mais M. l'Ingénieur en a tellement contracté l'habitude, que cela en devient abusif et fort ennuyeux.

Mais continuons.

Le Gouvernement m'a donné l'autorisation : 1° de disposer du minerai de *blende* (zinc) provenant de mes travaux de recherche exécutés à Aulus;

2° De disposer du minerai de cuivre et de plomb argentifère provenant des gîtes situés dans la commune de Seix.

Cette autorisation est du 24 août 1857 : elle expire le 1ᵉʳ mai 1859 (Annexe n° 1).

Ici j'appelle l'attention toute particulière de MM. les magistrats.

Conformément à la loi, j'ai demandé, par ma lettre du 11 septembre 1856, 1° la permission de pouvoir extraire et disposer de la quantité de 4000 *tonnes* de zinc de la mine de *Lauquelle*, située à Aulus;

2° De pouvoir extraire et disposer de 500 *tonnes* de minerai de cuivre et de plomb argentifère de mes gîtes, *situés commune de Seix*.

En réponse, le *Gouvernement* m'a donné cette permission, en date du 24 août 1857. Donc j'avais la faculté de m'assurer à l'avance, par contrat, des moyens d'écoulement de mes produits de zinc, avec d'autant plus de raison qu'on est obligé d'envoyer ce minerai à l'étranger pour être traité.

Ainsi autorisé, j'ai vendu à MM. Dopfel et Beuzard et à leur associé, M. E. Garnier (ne faisant qu'un), la quantité de 4,000 tonnes de blende (zinc) provenant de la *mine de Lauquelle*, qu'ils ont visitée, et dont à l'avance j'avais envoyé à M. E. Garnier 2000 quintaux pour échantillon.

Au moment de livrer les quantités que j'avais sur le carreau de la mine, environ mille tonnes, les héritiers Lecourt que l'on croyait morts, depuis 20 années, ont donné signe de vie, se sont opposés à l'enlèvement du minerai et à la continuation des travaux, prétextant que la mine de Lauquelle était dans le périmètre de leur concession.

Et en présence d'une prétention si mal fondée sur tous les points, puisque j'étais seul autorisé par le Gouvernement, je n'ai pas pu disposer du minerai, ni pu continuer mes travaux.

Il a fallu tout abandonner, et les dépenses faites sur cette mine durant trois années et les produits qui étaient et sont encore ma propriété.

On croit rêver en voyant qu'il se passe, dans un coin de la France, de pareilles énormités, et en résumant tout ce qui a été exposé plus haut, je ne puis m'empêcher de poser les questions suivantes :

M. Aristide Ferrere ayant demandé la permission d'extraire et de disposer de 4,000 tonnes de zinc, provenant des travaux faits à Lauquelle, et cette permission lui ayant été accordée par le Gouvernement, a-t-on le droit d'empêcher l'exécution de cette mesure sur l'opposition des héritiers du concessionnaire Lecourt, sans au préalable avoir soumis la question à S. Exc. M. le Ministre de l'agriculture, du commerce et des travaux publics ?

Le concessionnaire Lecourt, qui n'est autorisé qu'à exploiter le plomb, peut-il, comme il *le fait aujourd'hui*, exploiter le minerai de zinc de ma mine de Lauquelle, dont il s'est emparé, sans opposition de la part de M. l'Ingénieur en chef des mines? ce concessionnaire peut-il exploiter le zinc sans avoir rempli les formalités voulues par la loi et sans qu'il ait obtenu une autorisation régulière de l'administration supérieure ?

Le concessionnaire Lecourt a-t-il pu s'emparer du PRODUIT des travaux que j'ai fait exécuter à Lauquelle, et qui était sur le carreau de la mine, alors que ces travaux ont été exécutés avec l'autorisation du Gouvernement ?

Le silence complet qu'a gardé le concessionnaire Lecourt, pendant les quatre premières années de mes travaux à Lauquelle, et la jouissance paisible dans laquelle il m'a laissé depuis 1854 jusqu'en 1858, ne forment-ils pas en ma faveur un précédent que je puis invoquer ?

Par respect, par déférence pour la décision de S. Exc. M. le Ministre qui m'avait autorisé à disposer du minerai, M. l'Ingénieur en chef n'aurait-il pas dû en référer à S. Exc. avant de tolérer l'usurpation de ma mine et de mes produits par le concessionnaire Lecourt ?

Le préjudice qui m'a été fait est considérable, irréparable ; il ne se borne pas seulement aux quarante mille francs de dommages-intérêts que MM. Dopfeld et Beugard et Garnier ont réclamé du tribunal de commerce de Paris, le 14 juin dernier; mais les dépenses des travaux, mon temps, mon crédit, tout a souffert et souffre de cette tolérance à permettre que le concessionnaire Lecourt, sans *droit aucun*, s'empare de ma propriété.

Je réclame donc contre la décision qui a mis obstacle à l'exécution de la permission qui m'a été donnée par le Gouvernement d'extraire et de disposer de 4,000 tonnes de minerai de la mine *Lauquelle* et de 500 tonnes de plomb et de cuivre de mes mines, situées à *Seix*.

En résumant ce qui précède, on voit que, le concessionnaire Lecourt avait abandonné les mines depuis 1836, et que la concession était réputée abandonnée, et qu'elle aurait dû être *vendue le 14 juillet 1836*, suivant la lettre de M. le Préfet, si M. l'Ingénieur eût exécuté la décision de ce magistrat.

Que, CONTRAIREMENT à l'opinion émise par M. l'Ingénieur en chef, dans sa lettre du 3 avril 1858, le fermier du concessionnaire Lecourt n'a pas le droit d'*exploiter le zinc dans son périmètre, alors même qu'il y aurait mélange de substance*, et que tolérer une semblable exploitation est contraire à la loi.

Qu'étant INVENTEUR de la mine de *zinc* de Lauquelle et *permissionnaire*, j'ai des DROITS que je tiens de la loi et que M. l'Ingénieur en chef *méconnaît* dans cette même lettre, en prétendant que le fermier Bordies est fondé à *continuer mes fouilles* dans la mine de zinc de Lauquelle, pour son propre compte (1).

J'ai démontré l'erreur de M. l'Ingénieur sur ces deux points, en m'appuyant sur la législation des mines.

(1)   *Extrait de la lettre de M. l'Ingénieur en chef, à M. le Préfet,*

Toulouse, le 3 avril 1858.

Monsieur le Préfet,

Je viens répondre à la communication que vous avez bien voulu me faire le 2 de ce mois, d'une lettre de M. Ferrere, en date du 29 mars dernier. . . . .

. . . .

. . . .

Il est vrai que la concession Lecourt n'a été accordée que pour les mines de plomb; mais dans les filons qui la traversent, le minerai de plomb est extrêmement mélangé avec le minerai de zinc, et au quartier de Lauquelle, bien que l'affleurement sur lequel ont été ouvertes les attaques de M. Ferréro soit formé presque entièrement de blende, on y voit néanmoins quelques *traces de galène*, et *cela suffit* pour *justifier l'opposition du concessionnaire;* ce dernier, d'ailleurs, a parfaitement le droit d'ouvrir des travaux sur un point quelconque de la concession, et particuliérement au quartier de Lauquelle. Si, aujourd'hui, M. Bordies, percepteur d'Oust, se trouve substitué aux droits du concessionnaire, par suite d'un bail à ferme de la concession, il est très-fondé à s'opposer à la continuation des fouilles entreprises par M. Ferrere et il *peut les continuer lui-même pour son propre compte.*

Qu'étant dûment autorisé , par la commune d'Aulus , moyennant finances comptées, suivant reçu de M. le maire, dont voici copie :

« Je soussigné , Maire de la commune d'Aulus , déclare avoir reçu de M. Ferrere ,
» de Paris , la somme de deux cents francs pour droit de lui avoir accordé de faire des
» fouilles sur le territoire de la commune , pour mines de plomb , cuivre et zinc.

» Aulus , le 9 mars 1857.

> » *Le maire d'Aulus* ,

> » Signé : SOUQUET. »

Et de plus, autorisé par le Gouvernement, on n'aurait pas dû , sans en référer à S. Exc. M. le ministre , arrêter mes travaux qui avaient pour *but la recherche* DU ZINC, parce que , 1° j'avais obtenu la permission de la commune et que PAR CE FAIT , je me trouve substitué à ses droits , et 2° que l'intervention heureuse du Gouvernement m'avait été également donnée , pour l'exploration du zinc, que le concessionnaire Lecourt ne peut pas exploiter.

Que les lettres que M. l'Ingénieur en chef m'a écrites, démontrent de la déférence que j'ai eue pour ses avis , avant de rédiger ma demande de concession et que , les lettres que j'ai adressées à M. l'Ingénieur ordinaire depuis cette contestation (Annexe , n°   ) montrent également mon désir de suivre en tout point ses conseils.

Qu'il ressort de ces lettres que la démarcation de mon périmètre est l'œuvre de MM. les Ingénieurs et que s'il y a ERREUR , C'EST A EUX LA FAUTE.

Qu'il est bien regrettable que dans toute cette affaire, qui dure depuis cinq ans , M. le Préfet , qui sait combien il importe de favoriser la recherche du fonds minéral , ne soit pas intervenu, et avec la haute autorité que ces fonctions lui donnent , il aurait certainement pu obtenir de M. l'Ingénieur une solution plus prompte dans l'expédition de ma demande, et des opinions moins tranchées , plus étudiées , plus conformes au sens de la loi , lorsqu'il s'agit de *prononcer sur des intérêts pécuniaires aussi considérables* et aussi gravement hasardés dans le but UTILE AU PAYS , de la recherche des métaux dont la France a besoin.

Que la vente de mon minerai de zinc qui se trouvait sur le carreau de la mine de Lauquelle et dont le fermier , M. Bordies , s'est emparé et qu'il a vendu à M. E. Garnier et à d'autres négocians en métaux, est un acte condamnable, que MM. les Ingénieurs et l'autorité auraient dû défendre, avec d'autant plus de raison , qu'il provenait des travaux exécutés dans le but charitable de venir en aide aux malheureux pendant le cruel hiver de 1856, et que c'est après avoir reçu, par lettre, l'assurance du concours et de l'appui de M. le Préfet que ces travaux ont été entrepris.

En voyant tant d'audace et si peu de pudeur à s'emparer du produit de mes travaux, je demande, que fesait, à cette époque de misère et de désolation dans les campagnes, le fermier de M. Lecourt? où était-il? a-t-il reçu des lettres semblables à celle-ci?

Aulus, le 19 décembre 1856.

Monsieur Ferrere,

En réponse à la lettre que vous m'avez fait l'honneur de m'adresser, en date du 18 conrant, je m'empresse de vous faire connaître que ma commune et celle d'Ercé, limitrophes, peuvent fournir deux cent cinquante à trois cents ouvriers capables de travailler aux mines.

Par les travaux que vous avez fait exécuter en juin dernier et ceux bien autrement importants que vous faites exécuter actuellement, vous avez pu juger que pendant la belle saison, comme pendant que les neiges couvrent nos montagnes, il y a constamment des bras disponibles, parce que la culture ne suffit pas pour occuper notre population ; ce que vous faites a donc l'avantage de donner un peu de vie au pays qui est pauvre, parce qu'il n'a aucun commerce, ni aucune industrie, que tout ce qui est en dehors de l'élève des troupeaux, souffre et vit misérablement. — Les chantiers de travail que vous avez donc ouvert, ce mois-ci, dans la commune de Seix, ainsi que dans la mienne, viennent en aide à notre malheureuse population et secondent à merveille les vues bienfaitrices du Gouvernement Impérial.

On ne souhaite, dans tout le canton, que le succès de votre entreprise, et les vœux et les cœurs sont de ce côté. — J'espère que Dieu ne voudra pas que tant de sacrifices de votre part, qui ont profité à un aussi grand nombre de malheureux, restent sans récompense, et si ce qu'on me rapporte est exact (et j'ai lieu de le croire) vous devez déjà trouver dans la grande quantité de minerai extrait, une première satisfaction et l'assurance que plus vous avancerez dans vos travaux, plus la masse métallifère sera selon vos souhaits.

Je le désire sincèrement pour mes administrés d'abord, et ensuite pour vous, Monsieur, qui dans cette rigoureuse saison de l'année, n'avez pas craint de quitter votre foyer pour venir porter le travail et l'espoir dans nos pauvres vallées.

J'ai l'honneur, etc.

Signé : SOUQUET, *Maire*.

Est-ce le seul témoignage que j'ai reçu? Non ; le conseil-général du département de l'Ariége , dans sa séance du 28 août 1858, m'a recommandé nominativement à la bienveillance de S. Exc. M. le ministre des travaux publics , en mentionnant que j'éprouvais des *difficultés! !* Et le conseil municipal de Seix a pris une délibération pour s'opposer à la demande irrégulière que le sieur Bordies , fermier de la concession Lecourt , a faite , encouragé qu'il était par la tolérance des autorités qui lui ont permis de s'emparer de ma propriété de Lauquelle , au nom des héritiers Lecourt , absents depuis vingt ans.

Je crois , dans l'intérêt de ma demande de concession , devoir faire connaître cette délibération du conseil municipal de Seix.

La voici :

Extrait du registre des délibérations du conseil municipal de la commune de Seix.

Session de novembre. — Séance du 14 novembre 1858

L'an mil huit cent cinquante-huit , le 14 novembre , le conseil municipal de Seix réuni pour la session de novembre , au lieu ordinaire de ses séances ;

Présents , MM.

M. le président met sous les yeux du conseil une affiche qui a trait à une demande de concession de mines de plomb , cuivre, etc,, situées dans le territoire de la commune , de la part de M. Bordies , percepteur des contributions directes à Auch.

Le Conseil , après avoir mûrement examiné la demande en question ;

Considérant, que dans sa délibération du 20 janvier 1856, il a autorisé M. Aristide Ferrere à faire des fouilles et recherches de minerai de toute nature dans les territoires de la commune ;

Considérant, que depuis cette époque , M. Ferrere a fait exécuter de grands travaux à la recherche des mines de plomb, de cuivre, de zinc, notamment au quartier de Batmajou , rue de Moulibes , et que l'exploitation desdites mines se poursuit avec énergie et grands frais ;

Considérant , que M. Ferrere non-seulement a fait construire à ses dépens un pont sur le ruisseau d'Estours et ouvert un chemin sur la rive droite dudit ruisseau qui rend un service signalé aux hameaux riverains et à tous les habitants de la commune, pour l'exploitation des bois et biens sis dans les divers quartiers de cette vallée, mais encore s'est engagé à une redevance annuelle envers la caisse municipale dès que la concession qu'il a demandée antérieurement à M. de Bordies lui serait accordée ;

Considérant, que M. Ferrere a déjà fait un grand bien dans la commune en y apportant ses capitaux et en y occupant un grand nombre d'ouvriers ;

Considérant, qu'il a reçu, à l'occasion desdites exploitations, des encouragements de la part du Conseil général du département dans sa dernière séance ;

Considérant, que favoriser la demande de M. Bordies, qui tend à supplanter dans ses mines et carrières métallurgiques M. Ferrere, ne peut entrer aujourd'hui dans l'esprit du Conseil municipal, attendu que M. Ferrere a été le premier à faire des fouilles onéreuses pour lui dans le territoire de la commune ;

Considérant, enfin, que M. Bordies enserre dans le périmètre de sa demande de concession presque tout le territoire de la commune et ferait peser sur nos biens une servitude que l'indemnité offerte de cinq centimes par hectare, ne peut rendre supportable;

Par ces motifs :

Le Conseil, voulant rester conséquent avec sa première délibération et sauvegarder les intérêts de la commune, est d'avis que la priorité de concession de mine dont il s'agit soit accordée à M. Ferrere.

Ainsi délibéré, à Seix, les jour, mois et an que dessus.

Signés : Lacroix, Sentenac, Garié, Rogalle, Lauga, Rieu, Cours, Berges fils, Brau, Tournés, Dougnac et Marié.

Pour copie conforme :

Le premier Adjoint délégué,

Signé : Lacroix.

A cette opposition du Conseil municipal de Seix, j'ajoute que les formalités prescrites par la loi, pour la demande en concession, doivent être *strictement* accomplies, afin de servir de garantie contre les pièges de la mauvaise foi et afin de ménager à tous les droits, ainsi qu'à tous les intérêts, le temps et les moyens de se faire valoir.

Or, la demande de M. Bordies ne remplit pas la moitié des formalités voulues; en effet, la pétition doit indiquer : les noms, prénoms, qualités et domicile du demandeur; — la désignation précise du lieu de la mine (*c'est ce que la pétition ne fait pas*) ; — les principales allures des filons (*c'est ce que la pétition ne fait pas*); — la nature des mines à exploiter; — elle en présente la nomenclature (*c'est ce que la pétition ne fait pas*) ; — l'état auquel les produits seront livrés au commerce (*c'est ce que la pétition ne dit pas*) ; — les lieux d'où l'on tire les bois et combustibles qui seront nécessaires (*c'est ce que la pétition ne dit pas*); — l'étendue de la concession demandée; — les indemnités offertes aux propriétaires des terrains; — la soumission de se conformer au mode d'exploitation déterminé par le Gouvernement.

Voici la copie de la demande :

DEMANDE EN CONCESSION

D'UNE MINE DE CUIVRE ET PLOMB ARGENTIFÈRE,

SUR LE TERRITOIRE DE LA COMMUNE DE SEIX,

Arrondissement de St-Girons.

AVIS.

Par une pétition en date du 20 novembre 1856, M. Oscar de Bardies, propriétaire et percepteur, domicilié à Oust, sollicite une concession de mines de cuivre et plomb argentifère, sur le territoire de la commune de Seix, arrondissement de St-Girons.

Cette concession comprendrait une étendue superficielle de 18 kilomètres carrés et serait délimitée ainsi qu'il suit :

« 1° Au Nord, etc., etc.

» 2° A l'Ouest, etc., etc.

» 3° Au Sud, etc.

» 4° A l'Est, etc.

» Pour satisfaire aux dispositions des art. 6 et 42 de la loi du 21 avril 1810, le pétitionnaire offre aux propriétaires des terrains compris dans la concession demandée une indemnité annuelle de 5 centimes par hectare, indépendamment de l'indemnité qui pourra leur être due pour dégâts ou occupation de terrains, laquelle sera réglée conformément aux art. 43 et 44 de la même loi.

» Il s'engage, en outre, à payer les redevances fixes et proportionnelles dues à l'Etat, et à se soumettre au mode d'exploitation déterminé par l'administration.

» A la pétition sont annexés un plan, etc., etc.

» La pétition et le plan sont déposés à la Préfecture, etc., etc. »

On le voit, la moitié des formalités exigées pour que la pétition soit régulière, ne sont pas remplies; ensuite, à ces nombreuses irrégularités, on se demande ce que veut M. de Bardies. Est-ce UNE MINE de *cuivre* et *plomb argentifère*, ou plusieurs mines? La pétition est en désaccord; car en premier, en tête de la pétition, et en grosses lettres, c'est une MINE DE CUIVRE ET PLOMB, et un peu plus loin il est question de mines, mais d'une manière *indirecte, obscure, timide.*

4

Avec la meilleure volonté du monde je ne puis m'empêcher de faire remarquer le *vague* de cette demande, que MM. les ingénieurs ont admise, sans réflexion au préjudice qu'elle pouvait causer aux ayants-droits, aux véritables inventeurs et propriétaires des mines situées dans la vallée d'Estours, commune de Seix, en les empêchant de s'opposer, d'une manière *claire*, PRÉCISE. Au moyen d'une telle demande on pouvait être SUPPLANTÉ *sans le savoir*. — Est-ce cela qu'on voulait? On s'est trompé, parce que les garanties que la loi donne ne se trouvent pas dans la demande en concession ainsi publiée, et aussi longtemps que les tiers ne sont pas avertis, par la publicité, du lieu où se trouve placée la mine que l'on demande, leurs droits peuvent être menacés, ou bien oubliés, et, par suite, les actes ultérieurs de l'information administrative et la concession elle-même doivent être réputés *non avenus*.

(Ordonnance du 13 mars 1848).

Maintenant qu'on veuille bien comparer la forme de ma demande avec celle de M. Bordies, et l'on verra si, comme lui, je redoute de désigner publiquement les lieux où mes mines sont placées, les travaux que j'y ai fait exécuter, la nature de chacune des mines, etc.

Ma demande est ainsi formulée :

COPIE.

Seix , 9 avril 1859.

A Monsieur le Préfet du département de l'Ariége.

Monsieur le Préfet ,

En réponse à la missive que vous avez bien voulu m'adresser le 19 mars dernier, j'ai l'honneur de vous exposer que, suivant lettres de M. le Préfet de l'Ariége, en date du 14 mars 1855, je suis inscrit comme inventeur et demandeur de mines dans les communes de Seix, d'Aulus et d'Ustou. — Que, depuis 1854, c'est-à-dire, depuis cinq ans, je travaille constamment à la recherche des minerais de plomb, de zinc, de cuivre et de charbon. — Que, j'ai employé à ces travaux jusqu'à soixante ouvriers par jour. Que j'ai acquis de mes deniers les terrains sur lesquels les fouilles se font et que celles faites sur les biens communaux, l'ont été avec le consentement des conseils municipaux qui, moyennant finances comptées, m'ont autorisé, à l'*exclusion* de tous autres.

J'ajoute que S. Exc. M. le Ministre de l'agriculture, du commerce et des travaux publics, a eu la bonté de me faire connaître que, le motif principal sur lequel s'est fondé le conseil-général des mines pour rejeter ma demande en concession, était que « mes recherches, qui ont permis de reconnaître quelques filons métallifères, n'avaient

» encore rien appris sur la disposition et la consistance des gites dans la profondeur et que
» des notions précises à cet égard étaient indispensables pour pouvoir apprécier si ces
» gites sont ou non susceptibles d'être utilement exploités. » Son Excellence a eu l'ex-
trême obligeance d'ajouter que « cette décision d'ailleurs ne fait nullement obstacle à ce
» que vous repreniez le cours de vos explorations, et si ces nouvelles recherches exécu-
» tées dans les conditions ci-dessus, aboutissent à des résultats concluants, MM. les
» ingénieurs seront immédiatement invités à faire une nouvelle visite des lieux, et l'ad-
» ministration serait toute disposée à recevoir et à faire examiner votre nouvelle demande
» en concession pour les gites en question. »

Aujourd'hui que les travaux souterrains que j'ai fait exécuter dans ma propriété de
Demy-Mort, ont atteint le gite dans sa profondeur et permettent de constater son al-
lure, sa direction, son inclinaison et sa puissance; que, M. l'Ingénieur des mines, qui
a visité, il y a huit jours, le puits et les galeries et a reconnu la bonne conduite des
travaux préparatoires que j'y ai fait exécuter, et qu'il a pu ainsi apprécier d'une manière
précise, que ce gite était concessible ; je me trouve dans les conditions voulues par
l'Administration et que S. Exc. a bien voulu me faire connaître.

En conséquence, le soussigné, Ferrere (Joseph-Aristide), propriétaire, né à Bayonne,
département des Basses-Pyrénées, demeurant à Paris, rue de Las Cases, n° 10, et à
présent à Seix, a l'honneur de vous adresser sa nouvelle demande en concession de
mines de plomb argentifère, de cuivre, de zinc et de schiste carbonneux, qu'il a découvertes et qu'il fait explorer depuis cinq années.

Ces mines, au nombre de douze, ont été nominativement désignées dans sa première demande, du 20 mai 1856, et sont situées savoir :

Dans la Commune de Seix,

Au village de Conflens de Belmajou, 1° Une mine de plomb argentifère (appelé
hélène), située au lieu dit Demy-Mort, et dont la propriété a été acquise de ses deniers.
— Les travaux sur ce point consistent :

1° En un puits de 32 mètres de profondeur sur 4 mètres de largeur ; en quatre galeries ayant ensemble 164 m. 70 c. de long sur 1 m. 20 de large, et 2 mètres de hauteur ; en une tranchée de 6 m.

2° Une mine de carbonate et de pyrite de cuivre, appelée Cécilia, située au champ
d'Aubac et acquise des deniers du demandeur ; les travaux sur ce point consistent
en deux galeries souterraines, superposées à 25 m. de distance, ayant ensemble 38 m.
90 de longueur sur 1 20 de largeur, et 2 m. de hauteur ; en un puits de 3 m. et en
une tranchée de 17 m.

3° Une mine de carbonate et pyrite de cuivre, appelée Fanny, située au village de
Méde, les travaux sur ce point consistent en 15 m. de galeries souterraines et en 6 m.
de tranchées, ou extraits.

4° Une mine de pyrite de cuivre, appelée Jean, située à Molibés, sur laquelle ont été
exécutés des travaux, consistant en 19 m. de galeries souterraines, et 10 m. en tranchées.

Dans la commune d'Aulus :

5° Une mine de blende cuivreuse argentifère , appelée Louise , située au lieu dit las Escaverades , et dont la propriété a été acquise des deniers du demandeur ; les travaux souterrains exécutés sur ce point consistent en un puits de 24 m. de profondeur et en galeries , ayant ensemble 68 m. 50 de longueur sur 1 m. de largeur, et 2 m. de hauteur.

6° Une mine de blende presque pure, appelée Félicité , siuée au lieu dit Single de Charbonnier , les travaux sur ce point consistent en un puits qui a 12 m. 50 de profondeur , en deux galerie souterraines , ayant ensemble 40 m. 20 c. , et en 64 m. de galeries à ciel ouvert.

7° Une mine de blende , appelée Charles , située au lieu dit Rec de la Lune ; les travaux faits sur ce point consistent en un puits foncé de 4 m. , en une galerie souterraine de 12 m. et en une tranchée de 15 m.

8° Une mine de plomb argentifère , appelée Aristide, située au lieu dit Lajazotte ; les travaux exécutés sur ce point consistent en une galerie souterraine de 16 m. 50, et en une tranchée de 8 m.

9° Une mine de blende, appelée Torlonia , située au lieu dit Caumarty , dont la propriété a été achetée des deniers du demandeur ; les travaux faits sur ce point d'attaque consistent en 43 m. de galeries souterraines et 10 m. de tranchée.

10° Une mine de blende ferrugineuse, appelée Louis , située au lieu dit Lafreychedière ; les travaux exécutés sur ce point consistent en un puits de 8 m. et en une galerie à ciel ouvert, tranchée de 20 m,

11° Une mine de blende , appelée Raoul , à mi-côte du Puech des Goas ; les travaux exécutés sur ce point consistent en 4 m. de galeries souterraines et en 8 mètres de tranchée.

12° Une mine de blende (en contestation de limites et que je mentionne à cause des travaux que j y ai fait exécuter), située au lieu dit Lauquelle. J'ai fait exécuter sur ce point une galerie souterraine de 16 m. de long sur 1 m. 20 de large et 2 m. de hauteur ; plus 50 m. de tranchée.

L'ensemble de tous ces travaux se monte à 735 m. 30

Divisés en 83 m. 50 de puits ,

    447   89 de galeries souterraines,

    204   de tranchée, ou galerie à ciel-ouvert.

Indépendamment des travaux exécutés sur ces douze mines , j'ai fait dans le temps des fouilles , et j'ai trouvé des affleurances de plomb argentifère, de blende et de pyrite de cuivre , dans la commune de St-Lizier d'Uston , notamment aux lieux dits Escalatarte et Carboir ; et enfin , j'ai trouvé un terrain de schiste-carbonneux au lieu dit Champ de Nostas, à Capvert. — Bien que ces fouilles ne constituent pas des travaux de recherche , je les mentionne pour en prendre acte d'inventeur et motiver ainsi l'étendue du périmètre que je demande.

Les minerais de plomb, de zinc, de cuivre et autres, que j'extrairai par suite de l'exploitation, seront d'abord livrés au commerce en nature, ou ne subiront qu'un léger
traitement mécanique sur les lieux, à cause de la rareté et de la cherté du combustible
dans l'arrondissement de Saint-Girons; mais aussitôt que cet état de choses changera
par suite de la construction du chemin de fer, j'établirai une fonderie qui traitera tous
les différents minerais et les livrera au commerce en métal brut ou laminé.

Je demande que le périmètre de la concession que je sollicite des grâces de S. M.
l'Empereur soit ainsi limité, conformément au plan que j'ai l'honneur de vous remettre
en triple expédition : — *au Nord*, par une ligne droite, tirée du clocher de Sentenac
au clocher d'Oust; — *au Nord-Est*, par une série de droites partant du clocher d'Oust
au château de Mirabat, du château de Mirabat au clocher de Sérac, du clocher de Sérac
au clocher d'Aulus, du clocher d'Aulus à la tour de Castel-Minier, de la tour de
Castel-Minier à l'étang de Lhers; — *à l'Est*, par une ligne droite partant de l'extrémité
de l'étang de Lhers et aboutissant à la pointe Nord de la montagne de Bassies; — *au
Sud*, par une ligne tirée de la pointe Nord de la montagne de Bassies au confluent des
rivières d'Aucèse et d'Escorse; — *au Sud-Ouest*, et *à l'Ouest*, par une série de droites
partant de ce dernier point jusqu'au sommet du Riou-Rouge; de là au sommet le plus
élevé de la montagne de Lamesa, et de ce point au Nord-Est du clocher de Sentenac.

L'étendue de la concession, ainsi limitée, et que je demande, est de douze mille cent
soixante-onze hectares trente-cinq ares et quarante-neuf centiares.

En exécution des articles 6 et 42 de la loi du 21 avril 1810, j'offre de payer aux
propriétaires de la surface une redevance annuelle de cinq centimes par hectare de terrain compris dans la concession. Le demandeur s'engage de satisfaire aux exigences de
la loi du 21 avril 1810, et à se soumettre aux réglements intervenus et à intervenir,
et à se conformer au mode d'exploitation déterminé par le Gouvernement. Il s'engage à
payer aux propriétaires les frais et dommages occasionnés par l'occupation des terrains,
et à se soumettre aux articles 43 et 44 de la loi du 21 avril 1810.

Le demandeur joint à la présente demande en concession :

1° Un état des travaux de recherche qu'il a fait exécuter;

2° Un plan du puits, des galeries de la mine de plomb (appelée Hélène), située dans
la commune de Seix, au lieu dit Demy-Mort;

3° Un plan du puits et des galeries de la mine de blende cuivreux argentifère, appelée Louise, et située dans la commune d'Aulus;

4° Un plan de la vallée d'Estours, où se trouve marquée la situation des mines;

5° Un plan de la vallée d'Aulus, où est indiquée la situation des mines dans la commune d'Aulus.

Je vous prie, Monsieur le Préfet, de vouloir bien m'accuser réception de la présente demande et des plans qui l'accompagnent. Ne changeant rien au périmètre précédemment demandé, ces plans sont en votre possession depuis le 6 mai 1856.

En attendant, j'ai l'honneur d'être, avec la plus parfaite considération,

Monsieur le Préfet,

Votre très-humble serviteur ,

Aristide FERRERE.

Il n'est pas dans ma pensée de rien dire d'agressif; mais M. l'Ingénieur en chef sait que les recherches des mines exigent de la part de ceux qui les entreprennent des sacrifices énormes; qu'elles sont difficiles, hasardeuses toujours, et très-*souvent ruineuses*. Et ces considérations devraient être un motif d'adoucir ce qu'a de cruel cette position, en ne laissant pas dormir dans les cartons, pendant des années, mes demandes de concession, alors que MM. les Ingénieurs se sont montrés si faciles, si empressés, si coulants même pour la demande, par trop irrégulière, de M. Bardies.

Aux travaux de recherches de mines de zinc, de plomb et de cuivre que j'ai fait exécuter, j'ajoute que j'ai fait dans la contrée des recherches de houille, parce que j'ai compris que la découverte des minerais de zinc, de cuivre et de plomb ne serait véritablement utile que lorsqu'on aurait le combustible pour les traiter sur les lieux. Guidé par le sentiment d'être utile à mon pays, je n'ai pas reculé devant des sacrifices pour atteindre ce but.

Je suis entré SEUL dans cette voie hasardeuse ; et contre les idées admises par les géologues, j'ai trouvé des indications que j'ai suivies avec persévérance. J'ai pour principe que les mines sont un don, une libéralité de Dieu, qui en permet la découverte à quelques personnes et non pas à d'autres. Et en effet, les mines ne sont pas les produits de l'industrie humaine , puisque le travail s'est arrêté à la surface : l'homme a semé ; il a planté et bâti à la surface ; il n'a pas touché à la mine.

Les premiers produits de mes recherches de houille n'étaient pas encourageants ; on ne voyait que quelques parties de houille dans des amas de terre ; et ce n'était qu'après un lavage qu'on pouvait s'assurer que le terrain contenait passablement de houille. En pénétrant plus au fond, le terrain devint plus chargé de charbon, et enfin un gisement exploitable s'est présenté.

Cette découverte, faite dans un moment où les esprits méditatifs s'inquiètent de la position fâcheuse dans laquelle notre industrie peut se trouver, par suite de la production insuffisante de la houille en France ; cette découverte, dis-je, est digne de fixer l'attention de l'homme d'État, de l'administrateur éclairé et du commerçant habile ; et

tout ce qui sera tenté dans le but d'augmenter la production de la houille, en explo-
rant les gisements qui présentent consistance, doit recevoir encouragement et protection.

J'ai fait essayer, à Foix et à Saint-Girons, ce charbon, pour l'éclairage, et voici
une lettre que M. le maire de Saint-Girons m'a fait l'honneur de m'adresser à ce
sujet :

Saint-Girons, le 25 octobre 1858.

Monsieur Ferrere,

L'emploi de votre houille, de Lara et Audinac, à la fabrication du Gaz, est une découverte pré-
cieuse. L'expérience qui en a été faite à Saint-Girons, le 10 octobre courant, a complétement
réussi.

Tous ceux de mes administrés qui ont vu l'éclairage des grandes villes ont unanimement dé-
claré que nulle part, ils n'avaient aperçu de lumière plus vive et plus éclatante, et nous avons
été tous surpris de la durée si longue, eu égard à la quantité très-minime du charbon employé.

Il n'est pas possible que l'étoile que nous avons tant admirée ce jour-là, ne devienne pour
vous la bonne et la meilleure ; tels sont les vœux de la population Saint-Gironnaise et les miens
que j'ai l'honneur de vous transmettre.

Veuillez agréer, etc.

Le Maire de Saint-Girons,

Signé : E. ROUDEILLE.

Depuis que cette lettre a été écrite, les travaux exécutés dans ces mines de charbon
ont amené des résultats très-satisfaisants, qui m'ont engagé à faire construire un four
à coke métallurgique et les produits en sont fort beaux. — J'ai envoyé à l'Exposition
des produits de l'Industrie de Bordeaux de forts échantillons de coke et de houille,
provenant de mes mines, et les hommes compétents seront ainsi à même de juger de
l'importance actuelle de ma découverte et de ce qu'elle promet dans l'avenir.

Maintenant, qu'on me permette, avant de terminer, de faire connaître le résumé
des travaux du conseil-général du département de l'Ariége, dans sa séance du 28
août 1858.

Monsieur le rapporteur s'exprime en ces termes :

« La commission a vu avec satisfaction que les travaux des mines ne se sont pas
ralentis quant aux recherches. Les demandes de concession augmentent tous les jours.

» A ce sujet, la commission propose d'émettre le vœu que les Préfets aient désormais le droit d'accorder les autorisations nécessaires aux recherches de mines, après toutefois l'accomplissement de toutes les formalités prescrites. Cette nouvelle mesure serait d'autant plus utile, à notre avis, que M. Ferrere, homme intelligent et dévoué à la prospérité de notre pays, rencontre quelques difficultés. Cet homme habile nous a présenté une Notice très-remarquable sur les travaux déjà considérables qu'il a entrepris. Nous ne saurions trop favoriser l'industrie qui vient nous apporter ses capitaux. Ne l'oublions pas : ce sont surtout les capitaux qui nous manquent.

« Votre commission nous a proposé d'appeler la bienveillance de M. le Préfet et du Gouvernement sur les diverses demandes qui lui sont adressées pour les recherches de mines, notamment celles faites par M. Ferrere qu'on ne saurait trop encourager, surtout lorsqu'on songe que cet homme n'a reculé devant aucun sacrifice, et que c'est sur sa demande et *à ses frais que les études du Chemin de Fer, par la vallée du Salat, ont été faites.* »

Les conclusions de la commission sont adoptées par le Conseil général.

Qu'on me permette encore d'ajouter un mot, c'est que mes produits ont eu la médaille à l'Exposition de Toulouse, et que le rapport du Congrès national du Midi fait mention de mes découvertes en termes très-flatteurs, et qui m'honorent beaucoup.

L'ensemble de tous ces faits divers, appuyés sur des documents, démontrent le bien que j'ai fait dans ce pays, en y apportant le travail et en y développant l'industrie minière, et cette considération milite en faveur de la demande que j'adresse au Conseil d'Etat, de vouloir décider :

1° Que la mine de zinc de Lauquelle, dont je suis l'inventeur, est ma propriété, du moment que le Gouvernement m'a donné la permission de recherche ;

2° Que les héritiers du concessionnaire Lecourt ne peuvent exploiter dans leur périmètre *que le plomb*, et que ce périmètre est désigné et doit rester conforme au *plan* annexé à la demande en concession faite le *20 février 1832*, qui a donné lieu à l'ordonnance de concession de 1835 ; et que par conséquent, tout plan d'une date *postérieure* à cette ordonnance de concession et qui ne concorde pas avec le texte de la demande, ne peut être admis ;

3° Que le Gouvernement ayant accédé à la demande que j'ai adressée le 11 septembre 1856, de disposer de 4,000 tonnes de minerai de *zinc* de la mine de *Lauquelle* et 500 tonnes de plomb et de cuivre de mes mines, situées dans la commune de Seix, j'ai le droit d'en disposer, et que les entraves mises à l'exécution de cette mesure doivent être levées et que je puis extraire et prendre livraison desdites quantités de minerai ;

4° Que le concessionnaire Lecourt, qui s'est emparé de mes mines et du minerai qui était sur le carreau de la mine, est obligé de me restituer mille tonnes de minerai de zinc qui était extrait, et soit condamné, en plus, à me payer cent cinquante mille francs de dommages-intérêts ;

5° Qu'étant dûment autorisé par le Gouvernement à disposer des quantités de minerais énoncés ci-dessus , j'ai pu vendre à **MM. E.** Garnier et Dopfeld 4,000 tonnes de minerai de zinc de la mine de Lauquelle , et que la non-exécution du contrat de ma part , provient d'un cas de force majeure ;

6° Que les quarante mille francs de dommages-intérêts que **MM.** Dopfeld et Beuzard et **M. E.** Garnier réunis ont réclamé du tribunal de commerce , ne pouvaient leur être accordés par le motif qu'AVANT l'acte de concession la mine n'est pas dans le commerce et que la propriété de la mine *étant hors du commerce*, il s'ensuit que , *antérieurement à cet acte*, personne ne peut en disposer par contrat, en ce sens du moins, que les contrats que l'on fait à l'égard d'une mine non concédée , sont *subordonnés* , pour leur *validité* , à l'*obtention* de la concession ; celle-ci *manquant*, ces contrats restent INOPÉRANTS.

D'ailleurs , en eux-mêmes , ils N'ONT RIEN D'ILLICITE.

(Avis du Cons. des Mines, du 17 mars 1848 , Avis du Cons. des Mines , t. 1 , p. 233. — Cass. B. , 10 mars 1845).

Il en est de ces contrats comme des négociations de certificats provisoires d'actions d'une société anonyme *avant* l'approbation par le Gouvernement. Elles restent *inopérantes* comme n'ayant pour objet que la transmission de choses *non existantes*.

Aristide FERRERE.

ANNEXES.

Annexe n° 1.

COPIE.

2 *bis* , rue des Lois.

Toulouse , le 28 novembre 1858.

A Monsieur de Cizancourt, Ingénieur ordinaire des mines, à Vic-Dessos.

Monsieur ,

Désirant suivre vos conseils dans tout ce qui a rapport aux travaux de mes mines et voulant me conformer aux réglements , je viens vous prier , Monsieur , de vouloir me faire connaître ce que j'ai à faire , dans l'état actuel des travaux , pour donner sécurité entière aux personnes et pour exploiter la mine dans les règles voulues.

Mes intentions sont bien connues , je ne veux pas qu'il y arrive le plus léger accident , et je ne recule devant aucun sacrifice pour qu'il en soit ainsi ; épinglettes en cuivre , mèches anglaises , câbles neufs , machines solides , lampes de sûreté , accompagnés d'ordres sévères pour prendre toutes précautions , voilà ce que je fais : maintenant , s'il y a d'autres choses à faire , veuillez avoir l'obligeance de me le faire connaître , je m'empresserai d'accomplir vos instructions , en y ajoutant mes remercîments.

En attendant , agréez , etc. , etc.

Signé : A. FERRERE.

Annexe n° 2.

Lorp , le 8 Mars 1855.

A Monsieur le préfet du département de l'Ariége ,

Le soussigné Joseph-Aristide Ferrère , propriétaire , demeurant à Paris , rue de Las Cases , n° 10 , et de présent chez M. P. Berges , fabricant de papiers , à Lorp , commune de Sentrailles , arrondissement de Saint-Girons , a l'honneur de vous exposer , Monsieur le Préfet , qu'il est dans l'intention de créer dans l'arrondissement de Saint-Girons , un établissement métallurgique , si les apparences superficielles des gîtes minières qu'il a reconnues donnent à l'analyse des résultats qui l'y encouragent.

Dans cet objet , il a l'honneur de vous demander l'autorisation d'explorer et faire des fouilles pour découvrir et connaître la puissance des gîtes minières qui peuvent se trouver dans les propriétés appartenant à la commune d'Aulus, arrondissement de Saint-Girons.

Présèntement et plus spécialement, le soussigné demande l'*autorisation* de faire des fouilles aux lieux appelés *Lauquelle* et la *Freichedière*, où *il a reconnu des gisements de minerai de zinc.*

Au lieu dit : Le Pouech des Goas, comme contenant du minerai de *plomb argentifère.*

Au lieu dit : Las Escanerades, où il a remarqué quelques affleurences de cuivre, etc., etc.

J'ai l'honneur, etc.

Signé : A. FERRERE.

* * *

Annexe n⁰ 3.

COPIE.

PRÉFECTURE DE L'ARIÈGE.

Foix, le 14 mars 1855.

Monsieur,

Conformément à vos désirs, je m'empresse de vous accuser réception de la pétition que vous m'avez adressée sous la date du 8 de ce mois, pour solliciter l'autorisation d'exécuter des travaux de recherche pour la découverte de minerais de zinc, plomb et cuivre dans la commuue d'Aulus. Cette pétition était accompagnée du plan des lieux.

Je vais m'occuper de l'instruction de cette demande.

Recevez, Monsieur, l'assurance de ma parfaite considération,

Le Préfet de l'Ariége, PIÈTRI.

* * *

Annexe n° 4.

COPIE.

Seix, le 12 mai 1858.

A Monsieur de Gizancourt, Ingénieur des mines, à Vic-Dessos.

Monsieur,

Je viens vers vous, dans un esprit de justice et de paix, rappeler à votre mémoire que l'acte qui fait la base de mon affaire, c'est-à-dire, ma demande de concession, la délimitation du périmètre et les plans que j'ai remis sont votre œuvre , la demande a été écrite sous votre dictée , et les plans corrigés et tracés par vous-même , chez M. Gallaup , ingénieur à Saint-Girons : que là , vous avez tracé de votre main , avec du fusin , sur des plans que je conserve , les changements à y faire ; vous y avez marqué la ligne qui , depuis Castel-Minier jusqu'à l'étang de Lers , sépare la concession Lecourt de celle que j'ai demandée , et après avoir marqué sur les plans la place qu'occupent les deux points (l'étang de Lers et celui de Castel-Minier) , vous avez placé *en dehors* de cette ligne le *filon de Lauquelle* , que vous veniez de visiter et dont vous aviez reconnu la situation en ma présence.

Je n'ajouterai pas une parole à ce qui précède et le fait n'a pas besoin de commentaire ; ce fait ne peut être contesté , car il a eu lieu à Saint-Girons , après notre déjeûner , auquel assistaient M. Vidalot , ingénieur , et M. Gallaup , ingénieur des ponts et chaussées , et a eu pour témoin la personne qui a dressé les plans d'après vos indications.

Je termine en vous priant , Monsieur , de ne pas persister dans une erreur qui vient d'être démontrée par l'opération géométrique que j'ai fait faire sur le terrain , par un homme très-capable et compétent. La ligne est jalonnée , les jalons sont en place , on les voit de la montagne en face , et il n'y a qu'à les suivre de l'œil pour être convaincu que vous aviez bien vu et bien jugé la première fois. Persister dans l'erreur en présence de témoignages aussi frappants , ne serait pas digne de vous , Monsieur de Cizancourt

C'est avec le plus profond chagrin que j'ai vu s'ouvrir ce débat , et je vous avoue avec franchise que les termes de votre rapport , si durs pour moi , m'ont profondément affecté ; je ne les méritais pas , car , j'avais conservé de vous le plus doux souvenir et j'avais pour vous un attachement sincère ; vous comprendrez dès lors que , plus ces sentiments étaient vifs , plus les expressions de votre rapport ont froissé mon cœur.

Je ne demande que ce qui est juste , ce qui est vrai , et vous êtes trop équitable , trop honorable pour vouloir autre chose : à côté du misérable intérêt privé auquel je ne m'attache que très-superficiellement , il y a pour vous comme pour moi , dans cet affaire des mines de l'Ariége , une question d'intérêt général qui domine et toute discussion qui tend à en éloigner la solution est un malheur très-grand d'abord pour ce pays et ensuite pour l'industrie.

C'est donc dans l'intérêt public , si puissant sur de nobles cœurs et si digne d'être pris en considération par vous , Monsieur , que je viens vous prier de travailler à remettre les choses dans l'état d'ordre où elles marchaient depuis plus de trois ans que je travaille à Lauquelle , et à réparer ainsi le tort qui a été fait si précipitamment et qu'on eût certainement évité en m'entendant avant de prendre une décision qui touche à mes intérêts et les froisse.

En attendant , agréez, etc.

Signé : A. FERRERE.

Annexe n° 5.

COPIE.

Lettre de M. le Préfet de l'Ariége à M. A. Ferrere.

Foix , le 14 septembre 1855.

Monsieur ,

J'ai le regret de vous envoyer de nouveau , pour être complétée et régularisée conformément aux *observations contenues dans la dépêche ci-jointe* de M. *l'Ingénieur* en chef des Mines, la demande en concession des mines de plomb, cuivre et zinc, situées dans la commune d'Aulus.

Je vous prie, Monsieur, de vous conformer aux *observations* TARDIVES de M. l'Ingénieur en chef et de me retourner ensuite les plans avec la demande.

Agréez, Monsieur, etc.

Le Préfet de l'Ariége,

Signé : PIÈTRI.

Annexe n° 6.

COPIE.

EMPIRE FRANÇAIS.

PRÉFECTURE DU DÉPARTEMENT DE L'ARIÉGE.

Toulouse, le 11 septembre 1855.

Monsieur le Préfet,

Vous m'avez fait l'honneur de m'adresser, le 4 août dernier, une demande en concession formée par le sieur Ferrere, pour des mines de plomb et de zinc, situées dans la commune d'Aulus, avec le plan en triple expédition.

Cette demande ne saurait être admise par l'Administration, parce qu'elle englobe une portion de la concession accordée à M. Lecourt, et qui n'a pas encore été révoquée.

J'ai l'honneur de vous faire le renvoi de ces pièces, et de vous prier de vouloir bien inviter le pétitionnaire à modifier sa demande et les plans, de manière à laisser en dehors du périmètre demandé le terrain dépendant de la concession du sieur Lecourt.

Afin de lui faciliter ce travail, je crois devoir vous prier de donner communication au sieur Ferrere de l'extrait suivant de l'ordonnance de concession, en date du 14 septembre 1838 :

« Cette concession, comprenant une étendue de sept kilomètres carrés soixante-trois hectares, » est limitée ainsi qu'il suit : de lignes droites tirées d'Aulus à Castel-Minier, de Castel-Minier à » l'extrémité Sud de l'étang de Lhers, de cette extrémité au sommet de la montagne de Montséas, » de ce sommet à celui de la montagne d'Erce, de ce dernier sommet à Aulus, point de départ. »

J'ai l'honneur de vous faire le renvoi de la pétition du sieur Ferrere et des trois expéditions du plan.

Je suis avec respect, etc.

L'Ingénieur en chef des Mines,
Signé : E. VENE.

Pour copie conforme :

Le conseiller de préfecture,
Signé : A. RUFFIÉ.

Collationné :
Le sous-chef de bureau,
Signé : F. STAIDEL.

Annexe n° 7.

COPIE.

Lettre de M. l'Ingénieur en chef des Mines à M. A. Ferrere.

Toulouse, le 20 Juin 1856.

Monsieur,

Je m'empresse de répondre à la lettre que vous m'avez fait l'honneur de m'adresser le 17 de ce mois, au sujet de votre demande en concession de mines de plomb dans le département de l'Ariége; M. de Cizancourt m'a annoncé l'envoi très-prochain du projet d'affiche de cette demande; aussitôt qu'il me sera parvenu, je l'adresserai à M. le Préfet du département. Je dois toutefois vous faire observer que l'instruction définitive de cette demande et les propositions pour la concession des dites mines ne pourront avoir lieu qu'après qu'il aura été fait sur les gîtes de minerais, des travaux de reconnaissance qui démontrent l'existence dans cette localité de mines assez importantes pour être l'objet d'une concession nouvelle.

J'ai trouvé chez moi dans le temps la caisse d'échantillons que vous aviez pris la peine d'y faire remettre, et j'ai bien regretté qu'une absence momentanée m'ait privé de recevoir votre visite.

Veuillez bien agréer, etc.

Signé : E. Vène.

Annexe n° 8.

COPIE.

Lettre de M. l'Ingénieur en chef des Mines à Toulouse à M. le vicomte de Lezay Maznésia, chambellan de S. M. l'Impératrice.

Monsieur le vicomte,

La demande en concession de mines de plomb formée par M. Ferrere, au sujet de laquelle vous avez pris la peine de m'adresser votre lettre du 8 de ce mois, m'a été en effet communiquée par M. le Préfet de l'Ariége, avec le plan des lieux; vous pouvez être assuré que je ferai tout ce qui dépendra de moi pour abréger autant que possible les délais qu'entraîne l'instruction administrative de ces sortes d'affaires.

Malheureusement la pétition et le plan ont été faits irrégulièrement, on y englobe, à tort, une portion de la concession accordée en 1835 à M. Lecourt.

J'adresse aujourd'hui les pièces à M. le Préfet, qui les transmettra à M. Ferrere avec l'*indication des modifications à faire.* J'en informe également M. Ferrere par une lettre de ce jour, et je lui fais observer que les réglements administratifs prescrivent de ne soumettre les demandes en concession de mines à la formalité des affiches et publications qu'après qu'il a été fait, sur les gîtes de minerais, des travaux de recherche qui démontrent l'existence de gisements susceptibles, par leur importance, de devenir l'objet d'une concession nouvelle.

Veuillez, agréer, etc.,

Signé : E. Vène.

Toulouse, le 11 septembre 1855.

Annexe n° 9.

COPIE.

PRÉFECTURE DE L'ARIÉGE.

Lettre de M. le préfet de l'Ariège à M. A. Ferrere.

Foix, le 17 juillet 1856.

Monsieur,

J'ai l'honneur dé vous communiquer une lettre qui m'est adressée par M. l'Ingénieur en chef des Mines, dans laquelle il signale quelques modifications qu'il est indispensable d'apporter à votre demande en concession de mines que vous vous proposez d'exploiter dans la commune d'Aulus. Les plans qui accompagnent cette demande auraient aussi besoin de subir quelques modifications.

Je vous prie, Monsieur, *de modifier votre pétition, conformément aux indications de M. l'Ingénieur en chef*, et de me faire le renvoi des deux pétitions ci-jointes, après qu'elles auront été rectifiées.

Quant aux plans, ils sont si volumineux, que je dois attendre vos ordres avant de vous en faire l'envoi par la poste.

Comme les rectifications à faire à ces plans paraissent être *de peu d'importance*, peut-être sera-t-il possible, sur vos indications, de les faire opérer par des employés de mes bureaux, après que vous m'aurez fait le renvoi de votre pétition, dûment régularisée.

Recevez, Monsieur, etc.

Le Préfet de l'Ariège,

Signé · C. CASTAING.

———

Annexe n° 10.

EMPIRE FRANÇAIS.

Préfecture du département de l'Ariège.

AUTORISATION

Accordée au sieur FERRERE, de Paris,

De disposer des produits de recherches de Minerais, provenant des travaux qu'il fait exécuter dans la commune d'Aulus.

Arrêté approuvé par Son Exc. le Ministre des Travaux Publics, de l'Agriculture et du Commerce.

Nous Préfet du département de l'Ariége, chevalier de la Légion-d'Honneur,

Vu la demande formée par le sieur FERRERE (Aristide), propriétaire, demeurant à Paris, rue de Las-Cazes, 10, à la date du 11 septembre 1856, tendant à obtenir l'autorisation,

1° De disposer du minerai de blende, provenant des travaux de recherches qu'il fait exécuter dans la commune d'Aulus ;

— 40 —

2° De disposer encore du minerai de cuivre et de plomb argentifère , provenant de gîtes situés dans la commune de Seix ;

Vu une seconde demande , en date du 1er mai 1857 ;

Vu le rapport de MM. les Ingénieurs des mines , du 15 juin et 2 juillet 1857 ;

Vu la lettre approbative de Son Exc. le ministre des Travaux Publics , de l'Agriculture et du Commerce , du 24 de ce mois, en ce qui concerne le minerai provenant des recherches faites à Aulus ,

ARRÊTONS :

ARTICLE PREMIER. Le sieur Ferrere est autorisé à disposer du minerai de zinc et de plomb , provenant des travaux de recherches qu'il aura exécutés dans les terrains communaux de la commune d'Aulus (Ariége) , jusqu'au jour de la notification de la présente autorisation.

Il est également autorisé à disposer des produits qu'il extraira à dater de ce jour , des travaux souterrains de recherches qu'il exécutera dans les mêmes terrains jusqu'au 1er mai 1859 , époque à laquelle prendra fin la permission de recherches qui lui a été accordée le 10 janvier 1857.

ART. 2. Il ne pourra enlever lesdits minerais qu'avec l'assentiment de la commune , propriétaire de la surface , et qu'après le réglement des droits qui résultent pour cette commune , des articles 6 et 42 de la loi du 21 avril 1810.

A défaut de convention amiable entre les parties , le réglement de ces droits aura lieu ainsi que de droit.

ART. 3. Tous travaux d'exploitation sont formellement interdits au permissionnaire , il ne devra exécuter que des travaux de recherches et de reconnaissance. Il sera d'ailleurs tenu de se conformer , pour la conduite de ces travaux et la sûreté de ses ouvriers , aux instructions qui lui seront données par le Préfet , sur le rapport des Ingénieurs des mines.

ART. 4. En exécution du décret du 3 janvier 1813 , le permissionnaire tiendra constamment en ordre et à jour sur le carreau de la mine , un registre constatant les quantités de minerai extraites ou livrées , et le nombre des ouvriers employés tant à l'intérieur qu'à l'exterieur.

Ce registre sera communiqué aux Ingénieurs et aux gardes mines lors de leurs visites.

ART. 5. En cas d'inexécution des conditions ci-dessus spécifiées ou d'infraction aux lois et réglements sur les mines , la permission pourra être retirée , sans préjudice de l'interdiction des travaux qui pourra être prononcée , conformément à l'art. 8 de la loi du 27 avril 1838 et des poursuites qui pourraient être exercées en vertu de l'art. 10 de la loi du 21 avril 1810.

ART. 6. Il n'est rien préjugé sur le choix qui pourra être fait ultérieurement d'un concessionnaire pour les mines que les recherches auraient fait découvrir.

ART. 7. La présente autorisation sera publiée et affichée dans la commune d'Aulus , à la diligence du Maire et aux frais du permissionnaire.

ART. 8. L'Ingénieur en chef des mines est chargé d'assurer l'exécution du présent arrêté.

Foix , le 29 août 1857.

Le Préfet ,

G. CASTAING.

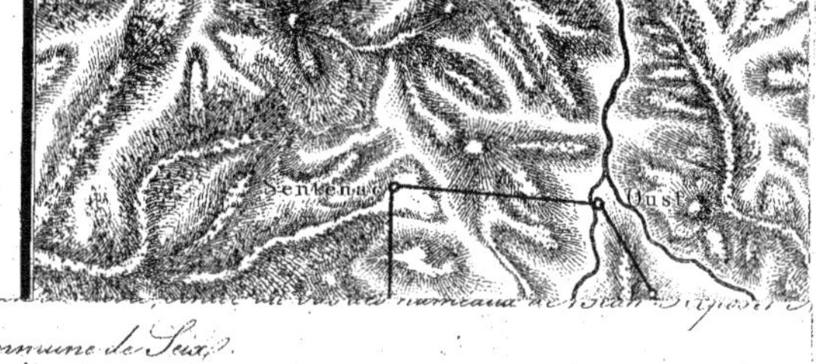

Ces sept mines sont dans la commune de Seix.

Indépendamment des travaux faits sur ces quatorze mines, j'ai fait exécuter des fouilles et j'ai trouvé au lieu dit l'Escalatorte, et de la blende injectée de plomb argentifère et de la blende pure, au bas du m... au champ de Nostos, à Capvert commune de Seix.

Bien que ces fouilles ne constituent pas des travaux de recherches, je ne les mentionne pas, moins pour ...

Je demande que le périmètre de la concession que je sollicite des grâces de l'Empereur, soit ainsi lim... expédition : — au nord, par une ligne droite tirée du clocher de Sentenac au clocher d'Oust. — au ... de Mirabat ; Du château de Mirabat au clocher de Serac ; Du clocher de Serac au clocher d'Aulus, ... Minier à l'étang de l'Hers. — à l'eon, par une ligne droite partant de l'extrémité de l'étang d... — au sud, par une ligne tirée de la pointe Nord de la montagne de Basset au confluent des ru... de droites partant de ce dernier point jusqu'au sommet du Riou Rouge ; De là, au sommet du clocher de Sentenac.

Le demandeur joint à la présente demande de concession un état des travaux de recherche qu'...

J'ai l'honneur d'être avec la plus parfaite considération, Monsieur le Préfet, votre t...

Aristide Ferr...

Suit l'arrêté de M. le Préfet qui autorise la pose des affiches

Fait à Foix, le 10 Septembre 1856.

Signé Le Préfet de l'Ariège

G. Castaing

Carte du Canton d'Oust
e arrondissement de St Girons (Ariège)
calquée sur la Carte de Cassini.

Extrait de la demande en Concession de Mines de Zinc, de Plomb, de Cuivre &c. formée par Mr. Aristide Ferrère.

A Monsieur le Préfet du département de l'Ariège.

Le soussigné Ferrère (Joseph-Aristide), propriétaire, né à Bayonne département des Basses-Pyrénées, demeurant à Paris rue de Sèze Croix, N°. 16 a l'honneur de vous adresser, Monsieur le Préfet, sa demande en concession de mines de cuivre de zinc de plomb argentifère de fer et de schiste astuminaux qui se trouvent situées dans les communes d'Aulus de Saint Lizier d'Ustou et de Seix.

Ces mines, au nombre de quatorze, sont en état d'exploitation par en outre les travaux de recherche que j'y ai fait exécuter.

Elles sont situées savoir: Dans la commune d'Aulus, 1°. Une mine de zinc (Blende) au lieu dit Lauquelle sur la rive droite du Garbet au N.E. de Coustel-Mimar (Voir la description dans le mémoire);

2°. Une mine de zinc plomb argentifère et cuivre située au lieu dit le Teuple de Charbonnier à l'Echannières du village d'Aulus sur la rive gauche du Garbet à une côte de la montagne de Puech des Gens;

3°. Une mine de plomb argentifère au lieu dit la Sazette au sommet de Puech de Gens;

4°. Une mine de cuivre pyriteux au lieu dit Escots d'Aulus située sur la rive gauche du Garbet attenant au pied de la montagne du Puech de Gens;

5°. Une mine de cuivre pyriteux au lieu dit Las Escomelles founi d'un puits et située sur la rive gauche du Garbet en face de la forge d'Aulus;

6°. Une mine de fer au lieu dit la Rochebere sur la gauche de la mine de l'Hers à l'échannières d'Aulus;

7°. Une mine de fer au lieu dit Soulour sur la gauche de l'Hers à côté de la précédente et ayant comme elle une puissance de 2 mètres à 2 ½ et assise sur une couche de 30 mètres. Ces sept mines sont dans la commune d'Aulus.

Dans la commune de Seix — 8°. Une mine de vardinement de cuivre et de pyrite de cuivre entrée dans la commune de Seix au village de Couflens de Bourmagne sur la rive gauche de la rivière de l'Estours au lieu dit Mont d'Aulus.

9°. Une mine pyrite de cuivre située au lieu dit le Pas de Palioms à rive droite de l'Estours à Couflens de Bourmagne.

10°. Une mine de plomb argentifère et cuivre au Chemin de Sarrac, au dessus de Pount Hort à Couflens de l'Estourajou sur la rive droite de l'Estours.

11°. Une mine de plomb argentifère au lieu appelé Donce Hort à Couflens de Bourmagne.

12°. Une mine de pyrite de cuivre entrée au lieu de Bourseigore et Melblins sur la rive droite de l'Estours.

13°. Une mine de cuivre pyrite et carbonate située au hameau de Hode au lieu dit Camin de Seix.

14°. Une mine de pyrite et carbonate de cuivre située au lieu dit hameau de Bernie Majoure Hode sur la rive gauche de l'Estours au hameau Champels Massaniers. Ces sept mines sont dans la commune de Seix.

Indépendamment des travaux faits sur ces quatorze mines, j'ai fait exécuter des fouilles et j'ai trouvé des affleurements de pyrite de cuivre dans la commune de Saint Lizier d'Ustou au lieu dit l'Escalatada, et de la blende argile de plomb argentifère et de la blende pure, en las lieu mine d'ustou, et enfin j'ai entré et assis sur un terrain de schiste carbonaux au champ de Nodar à Caprari commune de Seix.

Bien que ces fouilles ne constituent pas des travaux de recherches, je ne m'en tiens pas moins pour ne prendre acte d'inventaire et enclure sous l'étendue de permis que je demande.

Je demande que le périmètre de la concession que je sollicite les gisants de l'Empirieus soit ainsi limité conformément au plan que j'ai l'honneur de remettre en toute expédition. — au nord par une ligne droite tirée du clocher de Suulome au château d'Oust — au nord-est par une suite de droites partant du clocher d'Oust au château de Mirabat. Du château de Mirabat au clocher de Seix, Du clocher de Seix au clocher d'Aulus, Du clocher d'Aulus à la Croix de Coustel-Mimar, De la Croix de Coustel-Mimar à l'étang de l'Hers — à l'est par une ligne droite partant de l'extrémité de l'étang de l'Hers et aboutissant à la pointe Nord de la montagne de Bassiot — au sud par une ligne tirée de la pointe Nord de la montagne de Bassiot au confluent des mines d'ustou et d'Ercour — au sud-ouest et à l'ouest par une suite de droites partant d'un dernier point jusqu'au sommet du Pioun Rouge, De là au sommet le plus élevé de la montagne de Sarrate d'où ce point au Nord Ouest du clocher de Suntenac.

Je demandeur joint à la présente demande de concession un état des travaux de recherche qu'il a fait exécuter et qui sont suffisants pour constater qu'il y a lieu à concession.

J'ai l'honneur d'être avec la plus parfaite considération, Monsieur le Préfet, votre très humble serviteur.

Aristide Ferrère.

Vu et arrêté de M. le Préfet qui autorise la pose des affiches.
Fait à Foix le 10 Septembre 1856.
Signé Le Préfet de l'Ariège Chevalier de la légion d'honneur
G. Gassing

Extrait de la demande en Concession de Mines de Plomb faite par Mr. Lecour.

A M. le Préfet du dép¹. de l'Ariège.

Lecour a l'honneur de vous exposer qu'en qualité de Minéralogiste et Métallurgiste possesseur de procédés particuliers et nouveaux pour traiter les Minerais de plomb, il se propose de les faire accorder par le Gouvernement la concession des mines de plomb de l'Ustou et de Coustel-Mimar situées dans l'arrondissement de St Girons (Ariège); suivant le périmètre indiqué au plan ci-joint sa toute expédition.

Savoir:

Partant du Nord de la commune d'Eros allant à l'Est à la jonction de la Voie et ruisseau de Coumlignou remontant ce ruisseau au Moh jusqu'à l'Étang le Pl Hers pour à Castel-Mimar montant à l'Ouest à Aulus et revenant à Eros par une ligne droite au point de départ.

J'ai l'honneur &c.
Signé Lecour

Paris, le 20 Janvier 1852.

Vu et arrêté de M. le Préfet qui autorise la pose des affiches.
Fait à Foix le 15 Mars 1852.
Signé Ph Gassing